中经管理文库
管理学精品系列

河南省哲学社会科学规划年度项目“不确定情形下在线多属性反向拍卖机制设计与决策方法研究”(2021CJJ152)
河南省重点研发与推广专项(科技攻关)项目“复杂不确定情形下在线多属性反向拍卖决策机制研究”(222102210117)
联合资助

不确定情形下在线多属性反向拍卖研究

RESEARCH ON ONLINE MULTI-ATTRIBUTE REVERSE AUCTION UNDER UNCERTAIN CONDITIONS

王世磊◎著

中国经济出版社
CHINA ECONOMIC PUBLISHING HOUSE
·北京·

图书在版编目(CIP)数据

不确定情形下在线多属性反向拍卖研究 / 王世磊著
. --北京：中国经济出版社，2022. 8
ISBN 978-7-5136-7014-2

Ⅰ. ①不… Ⅱ. ①王… Ⅲ. ①拍卖—研究 Ⅳ.
①F713. 359

中国版本图书馆 CIP 数据核字(2022)第 129177 号

组稿编辑　葛　晶
责任编辑　焦晓云
责任印制　马小宾
封面设计　任燕飞

出版发行　中国经济出版社
印 刷 者　北京中石油彩色印刷有限责任公司
经 销 者　各地新华书店
开　　本　710mm×1000mm　1/16
印　　张　12. 75
字　　数　196 千字
版　　次　2022 年 8 月第 1 版
印　　次　2022 年 8 月第 1 次
定　　价　88. 00 元
广告经营许可证　京西工商广字第 8179 号

中国经济出版社 **网址** www. economyph. com **社址** 北京市东城区安定门外大街 58 号 **邮编** 100011
本版图书如存在印装质量问题，请与本社销售中心联系调换(联系电话：010-57512564)

前　言

拍卖作为一种市场交易机制，主要根据市场参与者的投标来确定资源分配和设定价格。在当今的经济发展中，拍卖扮演着越来越重要的角色，被广泛应用于工业采购、供应链管理、电子广告、服务分配和电子商务等领域。正如2000年世界计量经济学大会上Klemperer教授所指出的那样："拍卖是主流经济学的一部分，每个经济学家都应该学习一些拍卖理论。"2020年度诺贝尔经济学奖颁发给了对"拍卖理论的改进以及新拍卖方式的发明"做出突出贡献的斯坦福大学的两位经济学家Paul Milgrom和Robert Wilson，这是对1996年Vickrey和Mirrlees、2007年Myersons、Hurwicz和Maskin及2012年Shapley和Roth因在拍卖理论研究与市场机制设计领域的突出贡献被授予诺贝尔经济学奖的重大延续。诺贝尔经济学奖的多次授予充分说明，拍卖相关研究具有重要的理论价值与光明的应用前景。

由于互联网技术的快速发展及在线交易的便捷，在线多属性反向拍卖(Online Multi-Attribute Reverse Auction，OMARA)出现并得以快速发展。据统计，2012年中国政府采购规模达1.4万亿元，成为全球最大的公共采购市场之一；2019年中国公共采购交易规模超过20万亿美元，占我国GDP的20%以上；2020年中国公共采购总规模接近30万亿元，增速较快。在当前世界范围新冠肺炎疫情暴发的背景下，OMARA的作用与优势更加凸显。

OMARA综合考虑了价格和许多重要的非价格属性，与传统单属性反向拍卖相比，更加符合现实情境，广泛应用于项目招标、公共部门采购等领域。与此同时，我们也不难发现，在实际OMARA中，决策者通常会在认知、环境、风险、心理行为等方面存在不同程度的不确定性，这些现实存在的复杂的不确定性必然对 OMARA 中买卖(采供)双方的决策产生一定的影响。

当前，有关不确定情形下的 OMARA 研究还比较薄弱。本书综合运用模糊理论、多属性决策基本方法、多目标规划理论、双层规划理论、前景理论等，较为系统地分析了 OMARA 中可能存在的复杂不确定情形以及在这些不确定情形下拍卖参与者如何进行决策。

本书共有七章内容，具体安排如下:

第 1 章，通过梳理与本书研究相关的国内外理论研究与行业实践和发展现状，阐述本书的研究背景，分析当前研究中存在的不足与研究间隙，提出问题，明确研究目的与研究意义，同时介绍本书的研究思路、研究方法、研究内容和框架结构，并对全书的符号使用进行说明。

第 2 章，主要介绍与本书研究相关的基本知识，以及后续研究会用到的基本概念、理论、方法等。具体包括五个模块，即拍卖基本理论、模糊集基本理论、多属性决策基本方法、多目标规划基本理论和双层规划基本理论。

第 3 章，在不确定性情形下，从拍卖者(采购者)角度出发，提出了一个新的基于模糊多属性决策理论的 OMARA 赢者确定问题(OMARA-WDP)的多阶段综合决策方法框架。

第 4 章，考虑到在实际的 OMARA 中有关商品属性和供应商信息等常存在一定的不确定性，且这些不确定性存在多种不同的表述形式，以及采购方对得失风险的态度差异会影响其决策制定，本章提出了一种新的基于前景理论的混合不确定情形下 OMARA 赢者确定方法。

第 5 章，在现实的在线采购拍卖中，许多采购者为了维持良好的市场采供关系，降低决策失误风险发生的概率，通常会选择实施在线多源多属性反向拍卖(OMSMARA)，以确定适中的获胜供应商规模。考虑到采购者常会面临复杂的不确定环境，本章基于多目标规划理论和犹豫模糊集理论，研究考虑决策者犹豫不确定心理的混合不确定情形下 OMSMARA 赢者确定与数量分配决策问题，并提出了一种新的决策方法框架。

第 6 章，考虑到现实中常存在带有协商交互的 OMSMARA 情形，以及采供双方可能面临的不同方面的不确定性，综合利用双层规划理论与模糊相关理论研究了不确定情形下 OMSMARA 双边协商决策制定问题。基于问题分析与适当假设，本章建立了一个新的带有协商交互的模糊混合整数双层规划(FMIBLP)模型，并基于增广模糊最小最大决策方法进行模型的精确转化；基于问题的特征及 PSO(粒子群优化)的优越性，本章提出了 PSO-BLDI 算法，用于模型的求解。

第 7 章，对全书内容进行总结，概括研究的创新点，提出研究存在的局限，继而指出未来可进一步研究的若干方向。

本书基于不同的不确定情形，构建了 OMARA 问题模型，并给出一些新的求解思路与决策方法框架。书中的数值算例与仿真分析，以及敏感性分析和对比分析说明了本书所提出的几种决策方法框架的可行性与有效性。本书进一步丰富和完善了 OMARA 的相关研究，能够为当前经济社会环境下 OMARA 中的买卖双方提供有益的决策参考。

王世磊

2022 年 4 月于郑州航空工业管理学院

目 录

第1章

绪　论

本章在梳理国内外相关理论研究与行业实践的基础上，阐述研究背景，分析当前研究中存在的不足与间隙，提出问题，明确研究目的与研究意义，同时介绍研究思路、方法、内容等，并对符号使用进行说明。

1.1 研究背景

随着经济社会的快速发展以及科学研究的不断深入，各个领域不断出现相互借鉴、交叉融合的现象。这些现象所体现出来的系统科学思想已悄然融入诸多领域并影响其发展。系统科学作为一门综合的交叉性学科，被用于探索各类复杂系统内部元素间的相互关联与相互作用的机理[1]。在拍卖领域，拍卖的整个过程其实就是一个由多个参与者组成的复杂系统，拍卖各方之间相互作用与影响，以实现最终的交易目标。基于系统科学的研究思想，将相关领域的理论、方法和技术引入拍卖领域，可以更好地促进拍卖理论与应用的发展。

拍卖作为一种市场交易机制，主要根据市场参与者的投标来确定资源的分配和价格的设定[2]。拍卖在当今经济发展中扮演着越来越重要的角色，被越来越多地应用到工业采购、供应链管理、电子广告、服务分配和电子商务等领域[3]。正如2000年世界计量经济学大会上 Klemperer[4] 所指出的那样："拍卖是主流经济学的一部分，每个经济学家都应该学习一些拍卖理论。"拍卖作为一门学科，已被广大学者认可并得到广泛研究。1996年诺贝尔经济学奖获得者 Vickrey 于1961年发表的经典论文 *Counter speculation, Auctions and Competitive Sealed Tenders*[5] 被认为是拍卖理论研究的开山之作。很多著名的国外学者，如 Samuelson（1970年诺贝尔经济学奖获得者）、Myerson（2007 年诺贝尔经济学奖获得者）、Milgrom（2020 年诺贝尔经济学奖获得者）等也在拍卖领域进行了拓展研究[4-6]，做出了很多极具影响力的贡献。我国也有大量学者针对拍卖领域的不同问题，从博弈论角度和决策论角度进行了广泛的研究，取得了大量的创新成果[2-7]。国内外学者的研究工作不断地推动着拍卖理论的发展与完善。

拍卖行业在我国的发展十分迅速。商务部流通业发展司与中国拍卖协会在北京联合发布的《中国拍卖行业发展报告（2018）》显示，截至 2018 年 12 月，全国拍卖企业已经达到 7494 家，较 2017 年增加 239 家；国家注册拍卖师有 13319 人，同比增长 2%；全国全年拍卖成交额累计达到 6787.84 亿元，比上年下降 7.12%。① 据统计，截至 2020 年 12 月底，全国 31 个省（自治区、直辖市）及新疆生产建设兵团共有拍卖企业 8565 家，先后出现了很多专业的拍卖公司，如嘉德拍卖、保利拍卖、苏富比拍卖、佳士得拍卖等。此外，还陆续出现了一些网络拍卖平台，如中拍网、公拍网、易趣网、淘宝二手车拍卖平台、京东网络拍卖平台等。拍卖产业及其带来的相关产业的经济效益增长日益凸显。2020 年，我国拍卖行业总成交额达 8387.05 亿元，同比增长 15.39%。以上这些数据充分表明，当前拍卖行业发展势头强劲，且具有广阔的前景。

当前，随着互联网技术的快速发展以及电子商务的蓬勃兴起，在线/网络拍卖日益成为一种备受欢迎的重要市场交易方式[8-11]。例如，国外的知名网购平台 eBay、Yahoo、Amazon 都有自己的拍卖网站，而国内也有如易趣网、一拍网和淘宝拍卖等拍卖网站。与此同时，网络拍卖的成交额也在不断增加。据统计，2015 年我国拍卖行业开展的在线拍卖成交额近 220 亿元。2016 年我国颁布网络拍卖领域首部国家标准《网络拍卖规程》（GB/T 32674—2016）以后，网络/在线拍卖进入规范化的快速发展时期。2017 年，我国拍卖行业在“拍卖+互联网”发展模式下，实现了各种拍卖业务的全面“触网”。在线拍卖的实施，有效地解决了传统拍卖机制快速切入流通领域的问题，有效地促进了各类新业务的快速发展。随着时间的推移，在线拍卖成交额不断攀升。综上所述，在线拍卖已经快速发展成为行业的一个主

① https：//www. sohu. com/a/326110530_ 120055030.

流，也必将引领行业未来的发展。因此，研究在线拍卖相关理论与应用问题显得越发重要。

早期关于传统拍卖与在线拍卖的研究大多仅以价格属性来确定中标者和拍品的分配，而对诸如交货期、质量水平、信用等级等重要的非价格属性缺乏考虑，但这些属性在不同程度上影响着拍卖的最终效果[12]。Bichler等[13]从实验经济学入手对多属性拍卖和传统的单一价格拍卖进行了比较研究，结果表明，多属性反向拍卖(MARA，也常称作多属性采购拍卖)与单一价格采购拍卖相比，提高了采购商①的效用水平。他们的研究工作促进了 MARA 的快速发展与推广。现实中 MARA 的主要流程：首先，买方发布(在线)对所需采购商品的价格属性和其他非价格属性的基本要求；其次，若干合规的兴趣供应商(卖家)参与竞标并根据自身情况和卖家要求(在线)提交投标；最后，买方(采购方)确定最终的获胜/中标者。

多属性采购拍卖的优点以及在线拍卖的便捷，使得二者的结合体在线多属性反向拍卖(OMARA)成为当前拍卖领域的一个研究热点[14-22]。当前，OMARA 已被广泛应用于政府部门采购、工程项目招标、IT 业务外包、能源资源采购等多个领域，其重要性日益凸显[17-20]。OMARA 的具体实施给采购方和供应商均带来一定的挑战：采购方需要考虑如何确定自己的最优采购商品属性的权重分配，如何构建能实现自身需求的恰当评分函数[14,16]；供应商则要根据自身情况和买家的评分函数形成最优投标，以增加获胜的概率并使自身利润最大化[20-22]。然而，在实际的采购活动中，整个市场复杂多变，供应商及采购商往往无法对产品的价格、质量等属性信息进行确切的定位，而且有些属性值还难以直接用精确数字进行描述[23-26]，加之拍卖参与者对有限理性产生的风险的态度差异[7,12,17,25,26]等不确定因素的存在，使得投标者确定最优竞标策略及采购方确定评标属性权重和选择投标评价方法的难度均有所增加。如何选取合理有效的决策方法来应对各种不确定情形给拍卖实践带来的困难，是一个充满挑战又必须面对的问题。因此，研究复杂不确定情形下 OMARA 中的相关决策制定问题具有重要的理论与现实意义。

---

① 采购商，也称采购方或采购者，本书中对三者不作严格区分。

近年来，模糊集理论[27-31]、(模糊)多属性决策理论[32-37]和(模糊)多目标规划理论[38-40]等作为处理各种不确定性问题的有力支撑，得到了大量学者的关注，并取得了丰富的研究成果。与此同时，为分析决策者面对风险时作出的有限理性行为而提出的前景理论[41-46]也得到众多学者的认可与广泛应用。现存的有关 OMARA 的文献中，较少有人引入上述理论来处理 OMARA 实践中现实存在而又不能忽视的各种复杂不确定性问题。本书将上述理论与拍卖理论结合起来，引入对 OMARA 的研究，并根据 OMARA 中不同的不确定情形，进行相关理论的有机结合与方法探究，提出了一系列新的决策方法(框架)来处理竞标评价、投标决策、赢者确定与数量分配等反向拍卖问题。

本书主要借鉴系统科学的思想，将传统的拍卖理论与模糊理论、多目标规划理论、优化理论、双层规划理论、前景理论及多属性决策理论等有机结合，旨在解决各种复杂不确定情形下 OMARA 中的决策制定问题，促进相关理论与方法的拓展与完善。显然，在考虑多种不确定因素或情形下得到的 OMARA 研究更加贴近现实情境，所得的决策结果也更具实际意义。各章中的大量数值算例、仿真分析与对比分析充分证明了本书提出的一系列决策方法的有效性与理论结果的适用性。

综上所述，本书研究符合当前复杂不确定市场环境下反向(采购)拍卖的现实需要，旨在进一步完善和丰富复杂不确定情形下的 OMARA 理论与实践研究，为未来的采购拍卖实践提供一定的理论与方法指导。

1.2 相关研究综述

目前，国内外学者的 OMARA 相关研究已经取得了丰富的成果，下面从四个方面进行梳理与总结。

1.2.1 MARA 与 OMARA 相关研究

1993 年，Che[14]首次较为系统地研究了 MARA，证明了二维情形下的收入等价原理(Revenue Equivalence Theorem)，并把一级和二级价格密封式拍卖推广到MARA领域。同时，在买方知悉卖方成本参数概率分布的假设下设计了最优评分规则，构建了一个双属性采购拍卖模型。在此基础上，Branco[15]进一步推广了Che的工作，在假定投标者的成本函数相关联的情形下，基于社会福利最大化目标设计了最优的拍卖机制。沿着Che和Branco的研究思路，David[16]的一系列工作先后将两属性拍卖推广到三个属性和任意多个属性的情形。此外，Bichler[13]从实验经济学角度出发，采用经济实验方法对MARA与传统单一价格属性拍卖进行对比研究，发现MARA能同时提高买方和供应商的效用水平。综合相关文献可以看出，MARA已被广泛应用于政府采购、工程招标、电子商务等领域，其重要性也越发凸显。

随着网络技术与电子商务的快速发展，越来越多的公司、企业和商家进行线上销售或购买各种商品或服务，使用互联网议价交易机制的在线拍卖(OA)已经成为买卖双方进行商品交易的一种低成本且便捷的交易方式[8,9]。目前，出现了很多服务B2C和B2B市场的在线交易平台，如eBay、Onsale、Taobao等。当前的在线拍卖不断发展完善，从考虑单一价格属性问题逐步拓展到了考虑多属性问题。例如，在政府举行的在线采购拍卖中，除了考虑产品价格属性，还经常考虑产品质量、交货时间、企业信誉、售后服务水平等非价格属性，而且这些非价格属性往往会对采购拍卖的最终结果产生重要影响。非价格属性已经得到有关学者与业界的广泛关注，从而促使OMARA成为当前的一个研究热点[17]。

在OMARA中使用的反向拍卖技术为在线采购提供了实时、交互式、动态、高效的投标环境支持[47]，解决了传统采购过程中信息不足、不对称、不透明等问题，可以帮助线上采购者吸引更多优质的供应商。此外，在供应商之间激烈的市场竞争的推动下，它可以有效地找到供应商的最低价格，并缩短采购流程所需时间[48]。与传统的采购方法相比，OMARA可以有效降低采购拍卖成本，并提高买卖双方的效用水平。MARA的明显优势以及在线拍卖的便捷使OMARA快速兴起，并被广泛应用到工程项目招标、政府公共采购等诸多领域[49]。

目前，关于OMARA的研究主要从博弈论和决策论两个大方向进行建模和分析[20]。前者主要从经典经济理论和不完全信息博弈角度进行买卖双方的均衡策略分析，得到最优拍卖机制[21,22]；后者多以多属性决策

(MADM)方法为指导进行竞标属性权重设置及中标供应商的确定。当前，关于竞标供应商的赢者确定的决策方法有层次分析法(AHP)[19,50-56]、模糊综合评判法[23,24,28,29]、数据包络分析法(DEA)[35]、预订收盘价卖出(Pricing-out)技术[51]、逼近理想解的排序方法(TOPSIS)[34,56-59]、层次交互式协同群决策法[60,61]以及偏好顺序结构评估法(PROMETHEE)[62-66]等。

在OMARA的实施过程中，采购商需要考虑如何确定最优的采购商品属性权重分配[67]，如何设置恰当的评价标准或者决策方法[22,46]；供应商则要考虑如何根据实际情况和买家的偏好提交最优投标，以增加获胜的概率并最大化自身利润[35]。然而，在实际采购拍卖中，采购方无法准确掌握市场中采购商品的价格、质量等属性信息，而且对于有些投标属性信息，供应商不宜直接用精确数字进行表述，再加上采购商面对风险的偏好差异等不确定因素的存在，使得供应商在投标决策、采购方在确定属性权重和竞标评价方法制定时难度均有所增加[25,26]。因此，有必要针对这些不确定情形进行OMARA相关理论与方法的拓展研究，以便更好地为OMARA实践提供相关指导。

1.2.2 竞标供应商赢者确定与数量分配相关研究

竞标供应商赢者确定(供应商选择)是采购拍卖及供应链管理的一个十分重要的环节[68]。供应商选择是一个包括对供应商供应产品各种属性的定性或定量评估的过程[69]。通过对大量已有文献的研究可以发现，质量、价格、交货期和售后服务等是买方评估供应商及其投标的几个关键评价属性[36,68,69]，而供应商选择的有效性与供应商的评价属性和选择方法密切相关。选择好的供应商，不仅可以提高企业的市场竞争力，还可以提高最终产品的质量。Liao和Kao[59]研究指出，许多制造商甚至将60%的营业收入用于采购原材料或零部件等产品。综上可知，供应商的选择对采购企业的发展起到了至关重要的作用。

一般的采购拍卖供应商选择可分为两种类型，即单源采购和多源采购[70-72]。对于前者，买方只需要确定一个获胜的供应商，而对于后者，如果在复杂多变的市场环境中没有一个供应商能够单独满足买方的需求，买方将把采购数量分配给多个获胜供应商[73]。本书分别对上述两种情况进行了研究。目前，关于上述主题的研究文献已经相当丰富。例如，Cheraghalipour 等[39]提供了一个新的决策方法，以解决同时考虑数量折扣和中断风险的多期、多产品和多供应商环境下的可持续供应商选择和订单分配问题。他们使用最优最劣法来获得准则权重，并采用修正的多选择目标规划方法来求解所提出的双目标数学模型。Assellaou 等[70]开发了一个新的随机多目标优化模型，用于中断风险、操作风险及需求、质量和延迟时间不确定情形下的供应商选择和订单分配。Bohner 等[71]研究了失效风险和不同折扣(包括全单位和增量数量折扣)情形下的供应商选择问题，并利用混合整数线性规划找到了最优解，最后通过与其他方法的比较指出其所提方法可以带来成本的降低。此外，Rao 等[74]研究了煤炭(可分割商品)多源采购拍卖中的供应商选择问题。他们设计了一个两阶段的供应商选择复合机制，考虑了四个商业属性(第一阶段)和七个风险属性(第二阶段)，并提出了一种基于灰色关联度的最终获胜供应商排序方法。随后，涌现出大量研究不确定情形下供应商选择与数量分配问题的文献[75-78]，在此不一一展开。上述文献均考虑了供应商选择和数量分配过程中存在的各种不确定性。然而，在 OMARA 背景下，研究混合不确定情形下投标(供应商)的赢者确定与数量分配问题的文献还很少，仅发现了文献[74]和[79]，它们分别研究了供应链风险管理与交通物流服务采购问题。本书在综合以上文献研究思路与方法的基础上，进一步研究混合不确定性情形下 OMSMARA 中的赢者确定及数量分配问题，拓展了现有的研究内容。

在 OMARA/OMSMARA 领域，赢者确定问题实质上是进行竞标评估和供应商选择的问题[80-84]，通常包括定性和定量多种属性的竞标评估过程[68]。选择好的供应商，不仅可以改善一个公司的市场竞争环境，也有助于降低采购成本和提高企业最终产品的质量[85]。解决赢者确定问题的技术方法有很多，如多准则/多属性决策(MCDM/MADM)方法[86,87]、数学规划(MP)方法[88]、混合智能仿真技术[89]等。

1.2.3 多属性决策方法相关研究

MADM 适合解决需要兼顾多个属性的决策制定问题。现有的关于

MADM 的理论与应用研究已经相当丰富，相关文献中提出了大量用于解决各领域优选排序相关问题的决策方法，如 AHP[51]、TOPSIS[59]、混合智能模糊预测模型与仿真方法[89]、线性规划法（LP）[90]、网络分析法（ANP）[91]、PROMETHEE[92]、简单多属性评分技术（SMART）[93]、模糊专家系统法[94]、折中排序方法（VIKOR）[95]、消去与选择排序方法（ELECTRE）[96]、交互式多属性决策方法（TODIM）[97]、基于比率分析的多目标优化方法（MOORA）[98-101]、复杂比例评价法（COPRAS）、灰关联分析法（GRA）、质量功能部署方法（QFD）、加性比率评价法（ARAS）、公理化设计法（AD），以及效益、机会、成本和风险综合法（BOCR）等。通过大量的文献比较分析可以发现，TOPSIS、VIKOR、TODIM、ELECTRE 和 PROMETHEE 是使用最普遍的五种多属性决策方法，它们在解决供应商评价和选择、多属性可再生能源决策、制糖业中的原材料选择等决策问题中被广泛应用[98-101]。

由于各种复杂不确定性的存在，上述五种常用的决策方法先后被学者们拓展到了模糊（Fuzzy）环境下。其中，F-TOPSIS 方法是决策领域应用最广泛的方法之一，它简单易行，用相对贴近度对方案进行评价。基于各方案相对于其他方案的优势度，采用 F-TODIM 方法对投标方案进行全局优势度排序这种方法也很普遍，因其考虑了决策者的心理行为因素，使得决策更贴近实际情形。F-VIKOR 方法用于对一组备选方案进行排序，得到最优的一个或一组折中方案。与 F-TOPSIS 方法相似但不同的是，F-VIKOR 方法引入了一种基于特殊测度（L_p-测度）的排序指标，并利用效用测度和遗憾测度来计算投标方案偏好排序的综合指标。该方法可以使决策者在群体效用最大化和个体遗憾最小化之间进行灵活的偏好权衡。F-ELECTRE II 方法是 F-ELECTRE I 方法的改进形式，它同时考虑了一致性和不一致性指标，是特别针对排序问题而提出的。F-PROMETHEE 方法是一种基于偏好函数的最优排序方法，适用于决策者针对多个评价属性进行最优方案的选择。作为 F-PROMETHEE I 的一种改进形式，F-PROMETHEE II 提供了与前者的偏序排列不同的投标方案的完全排序，非常适用于解决模糊不确定情形下的拍卖问题。

上述五种常用模糊决策方法的应用研究成果相当丰富。例如，Durán

等[51]提出了基于F-AHP的计算机辅助机床的选择方法；Paksoy等[56]提出了基于F-AHP和F-TOPSIS的分销渠道管理组织战略研发方法；Liao等[59]提出了供应链管理中用于供应商选择的F-TOPSIS和MCGP综合方法；Krohling等[102]及Fan等[103]分别利用F-TODIM方法解决混合多准则或多属性决策问题；Sanayei等[104]在模糊环境下基于F-VIKOR给出了一个用于供应商选择的群决策制定方法；Shemshadi等[105]在语义模糊环境下提出了基于香农熵概念的客观权值提取和分配机制的拓展VIKOR方法，用于解决供应商的选择问题；Lolli等[66]基于一个新的群体F-PROMETHEE II方法，从环境、经济、社会三个方面进行废弃物的处理分析，确定最优的处理方案；Zhang等[106]使用F-PROMETHEE II方法，基于风险评估范式对受污染站点进行比较排序；Sevkli[107]应用F-ELECTRE进行供应商的选择决策；Liao等[108]在犹豫模糊语义术语环境下，基于F-ELECTRE II方法，提出了两种新的多属性决策制定方法，并通过选择维修服务代理商的案例分析说明了所提方法的优越性。以上应用文献进一步说明了五种常用模糊决策方法的广泛适应性。进一步探究发现，五种常用方法可用于解决反向拍卖及本书研究的OMARA中的赢者确定问题。然而，当前将这些方法应用到拍卖领域的文献还很少。在仅有的文献中，Singh等[58]基于模糊逻辑和区间算术，提出了解决反向拍卖的多准则TOPSIS方法。

基于上述分析及各方法的优点，本书尝试引入F-AHP、F-TOPSIS、F-VIKOR、F-ELECTRE II、F-PROMETHEE II和F-TODIM方法，并将模糊集理论和简单占优准则结合应用到解决复杂不确定情形下的OMARA赢者确定问题（OMARA-WDP）中，旨在提出一些新的有效决策方法，使OMARA中的赢者确定结果更加合理、可靠，为相关领域的拓展研究提供新的思路。

1.2.4 前景理论相关研究

复杂的经济社会环境中存在着各种不同类型的不确定性因素，如信息的不充分与不对称、市场的波动性、认知的局限性以及突发事件的偶然性等。这些不确定性的存在，必将给决策者的决策带来一些风险。在这些复杂不确定性存在的情况下，传统的基于理性人假设的期望效应理论往往不能很好地解释人们的决策行为。为了更好地研究决策者面对风险时的决策制定问题，Kahneman 和 Tversky[41] 于 1979 年提出了前景理论，较好地处理了决策者面对风险时的决策问题，弥补了传统经济理论的不足。他们通过研究发现，在相同的环境下，人们在面对基于具体参考点的收益或者损失时所表现出来的风险态度与敏感性程度均有差异，具体表现为：面对收益时表现出风险规避的态度，面对损失时表现出风险寻求的态度，而且面对损失时比面对收益时表现得更加敏感。前景理论被提出以后，学者们又先后提出了累积前景理论、第三代前景理论等补充理论。

由于前景理论在风险决策中的良好解释力，国内外很多学者将其作为研究不确定情形下决策制定问题的理论依据应用于不同领域，取得了大量的研究成果。例如，Barberis 等[109] 基于前景理论和实验分析，研究了经济体中的资产定价问题，结果表明：投资者不仅从消费中获得了直接效用，而且从其金融财富价值的波动中获得了一定效用；投资者对这些波动是损失厌恶的，损失厌恶的程度取决于他们之前的投资表现。Barberis 等的研究框架有助于解释股票收益的高均值、过度波动和可预测性，以及它们与消费增长的低相关性。Liu 等[110] 研究了一个多状态的风险决策问题——灾害应急响应，发现在面对此类决策制定问题时，需要考虑决策者的参考依赖、损失厌恶和判断扭曲等心理行为因素，而现有的应急响应研究忽略了决策者的心理行为。因此，他们提出一种基于累积前景理论的突发事件风险决策分析方法，给出了所研究的应急响应问题表达式和求解过程，并以堰塞湖下游村庄应急疏散为例说明了所提方法的可行性和有效性。刘培德[43] 在区间概率条件下，基于前景理论提出了解决属性值为不确定语言变量的多属性决策问题的一种新的决策方法。龚承柱等[44] 基于前景理论和隶属度概念提出了一种新的混合型多属性决策方法。糜万俊等[45] 和张晓等[111] 分别基于前景理论提出了混合模糊多准则情形下的风险型群决策制定方法。

综上所述，在面临不确定性因素时，前景理论是一个很好的决策指导工具，在很多领域得到了应用与推广。文献检索发现，尽管将前景理论应用于拍卖领域进行研究的文献已经出现，但为数不多。在已有的文献中，郑君君等[46]将前景理论引入股权拍卖，研究了有限理性投标者竞价策略的演化均衡问题。他们将认知差异、损失规避及参照依赖等心理因素考虑到投标者竞价策略的动态演化过程，使投标者的认知与决策更加贴近现实。Huang等[25]研究了买方存在风险规避行为，供应商投标兼具成本型和效益型属性，属性值由精确数、区间数和语言变量描述的多属性逆向拍卖，并且将前景理论(PT)与“利益、机会、成本和风险”(BOCR)框架相结合，提出了一种新型的PT-BOCR解决方法，并与其他方法进行对比，表明了PT-BOCR方法的有效性与优越性。计算结果还表明，在面对供应商属性值偏差或者参考点水平变动时，PT-BOCR方法具有稳健性。该方法可以成为风险规避买家避免损失的有效工具。于洋洋[112]主要研究加入采购方对采购费用和采购时间的心理偏好的逆向拍卖多胜者确定问题，针对客户的心理偏好建立了基于累积前景理论的数学模型；然后设计了加入最小最大信息素控制和动态参数调整的混合蚁群算法进行模型求解；最后针对不同规模算例进行对比分析，验证了所提新算法优于枚举算法、基本蚁群算法。

由以上文献回顾不难发现，将前景理论应用于本书研究的OMARA相关决策制定问题，是一个亟待拓展的研究领域。因此，本书尝试将前景理论引入OMARA，以解决混合不确定情形下竞标供应商的赢者确定问题。

1.2.5 后悔理论相关研究

在存在心理感知不确定情形下，传统的以理性人假设为前提的期望效用往往无法较好地解释某些实际的决策行为[192]。因此，在行为决策理论框架下，考虑认知局限性、复杂环境对决策者心理感知影响方面的研究就显得很有现实意义。

1982年，Loomes和Sugden[192]、Bell[193]分别提出后悔理论，为分析人类在存在后悔预期时如何作出相关决策提供了一个新的视角，并得到后续学者的广泛应用与拓展[194-205]。后悔理论表明，人们会因为错过或将要错过更好的选择而经历情感上的遗憾[200,206]。近年来，后悔理论在保险[207]、投资[208]、期权[209]、运营管理[210]、模糊或者风险型多属性决策[211-214]以及服务商商业竞争策略[215]等方面得到广泛应用。

在传统拍卖研究中，多假设投标者是理性人，不考虑实际情形中可能存在的心理行为因素带来的影响。由相关文献可知，心理行为因素对实际拍卖结果产生了相当大的影响[196-199]，而这其中投标者对可能的投标带来的结果的后悔(也称遗憾)预期对其最终投标产生的影响尤为明显，这也从侧面解释了为什么现实拍卖中常常出现“超投标”“赢者诅咒”等现象[200-203]。在对拍卖中后悔心理行为影响的研究中，Engelbrecht-Wiggans[196]在1989年的开创性工作中开发了一个通用模型来描述投标人对预期遗憾的情感后果，并用数值例子研究了预期遗憾对均衡投标的影响，解释了拍卖中经常出现的超投标与低投标现象，认为决策者存在获胜后悔心理时往往会降低投标价，反之，存在失败后悔心理时会提高报价。Engelbrecht-Wiggans 和 Katok[197-198]、Zeelenbery[200]、Filiz-Ozbay 和 Ozbay[201]通过实验验证了在第一价格密封拍卖中预期后悔的存在，表明预期后悔实际上会影响竞标者的决策，并给出了相关实验方法来获取后悔规避系数值。Engelbrecht-Wiggans 和 Katok[199]通过实验方法，改变了对投标者的反馈信息，研究了拍卖中投标者的后悔规避与损失规避行为的区别。结果表明，前者对投标者竞标行为的影响更大。Hariharan等[202]综合考虑了(外部)拍卖环境如何决定(内部)认知及情感过程对竞价行为的影响，发现较高的拍卖动态会增加情绪唤起对出价偏差的影响，但不会增加认知负荷的影响；反之，较高的价值不确定性会增加认知负荷对投标偏差的影响，而不会增加情绪唤起的影响。Qian 等[203]在第一和第二价格密封反向拍卖中，考虑到供应商可能会经历预期后悔的情绪/行为后果，运用后悔理论建立数学模型，推导出带有后悔预期的供应商的投标决策的闭式解，并从理论上分析了后悔预期对供应商投标价格、买方采购成本及拍卖方式选择的影响；为了减轻赢者遗憾对买方预期采购成本的消极影响，他们还提出了一个保留价格策略。蔡晓敏[216]系统地研究了考虑投标者行为的一级价格密封式拍卖投标策略问题，着重研究了一级价格拍卖中带有后悔心理投标者的最优投标价格的确定问题。高广鑫等[217]针对第一价格密封拍卖的最优投标策略确定问题，采用线性函数刻画投标者的获胜者后悔心理行为，并采用非线性函数刻画失败者后悔心理行为，构建了一个非线性拍卖模型，并求解竞标者的最优投标策略。Ratan 等[180]认为，在第一价格拍卖实验中出价过高的原因可能是参与者试图避免因知道中标者是谁而产生的遗憾，所以会促使竞标者在首价拍卖中积极出价。高广鑫等[181]在其之前研究的基础上进一步研究了考虑投标者后悔心理行为的组合拍卖的投标均衡策略问题，在全局投标者存在预期后悔心理行为的假设下，依据 Engelbrecht - Wiggans 等[197]提出的后悔函数刻画了投标者的后悔心理行为，并构建了组合拍卖模型。他们研究得到了全局投标者投标均衡策略满足的充分和必要条件。最后，通过数值仿真分析了局部投标者人数、组合效应系数和全局投标者后悔参数对全局投标者投标策略的影响，并通过一个无线电频谱组合拍卖算例阐述相关结论的优越性。

基于以上文献不难看出，将预期遗憾心理行为纳入拍卖领域相关问题研究，对于理论研究和实际应用都具有重要意义。

我们发现，考虑后悔心理的传统拍卖文献大多以投标价格为唯一的指标进行效用大小的计算和相关定理的推导，这在一定程度上不能满足拍卖中人们同时对多种属性进行考虑的实际需要。但是，考虑后悔心理的 OMARA 有关理论研究目前较为缺乏。我们可以初步探究考虑后悔预期心理情形下的 OMARA 相关决策制定问题，以丰富相关理论与实践研究。

1.3 研究问题的提出

由以上研究背景和文献综述可知，OMARA 已被广泛应用于诸多领域的招标采购活动，相关研究成果十分丰富。同时，我们也不难发现，现有研究仍存在许多需要补充和完善的地方，具体体现在以下五个方面:

(1)传统的 OMARA 研究大多基于精确的数值或给定的确切信息。在实际采购活动中，由于市场环境复杂多变，供应商不能准确掌握市场中采购品的价格、质量等属性信息，在投标时对采购品有关投标属性不易给出精确的数值；同时，采购方在进行相关评价时，也存在类似的不确定情况。能否找到合理有效的投标属性描述方式及竞标评价表达方式来处理各种不确定性信息，值得探究。

(2)在各种复杂不确定性存在的情形下，OMARA 的买方(采购方)在如何选定竞标评价属性、如何确定评价属性的重要性(即属性权重)、如何制定更加合理有效的赢者(中标者)确定方法等方面进行决策的难度均较大。因此，有必要针对这些不确定情形进行 OMARA 相关理论与方法的改进与完善。

(3)在制定 OMARA 相关决策时，采购者及供应商往往面临着各种不确定性带来的风险。他们在面对风险时如何决策、他们对风险的态度将如何影响决策的制定、是否可以将行为科学有关理论引入 OMARA 以提出更加合理有效的决策方法等，都是具有现实意义的研究内容。

(4)现有的 OMARA 研究大多关注的是投标者如何竞标成为唯一的获胜者(中标者)或者采购者如何确定最优的投标者(供应商)，很少有学者考虑现实采购拍卖中投标者(供应商)可能存在的现实约束以及可能出现的违约风险等不确定性因素。这些不确定性的存在必将增加买方(采购者)决策制定的难度，增大其决策失误的风险。基于对这些现实问题的考虑，研究多源多属性反向拍卖(OMSMARA)中的决策制定方法具有理论意义和应用价值。

(5)现有的 OMARA 研究很少考虑采购者与投标供应商存在交互协商的情形，即便考虑了协商情形，也大多只考虑静态协商或者简单的两阶段过程(即先进行质量属性协商确定，后执行传统价格拍卖程序)。目前有关动态交互或协商情形的 OMSMARA 研究还很少，考虑不确定性存在与带有协商交互过程的 OMSMARA 研究更少。解决采供双方带有交互协商的 OMSMARA 中相关决策制定问题不仅符合理论完善的需要，而且符合在线采购拍卖的实际需要。因此，如何进行相关问题的模型构建，提出相关的决策方法以及设计模型求解算法以实现最优(或满意)的拍卖结果值得深入研究。

1.4 研究目的与意义

1.4.1 研究目的

本书将传统的拍卖理论与模糊理论、多目标规划理论、优化理论、双层规划理论、前景理论、后悔理论及多属性决策方法理论等进行合理有效的结合，提出新的模型、方法及理论，以分析和解决各种不确定情形下 OMARA 中的现实问题(包括属性值刻画、赢者确定与数量分配问题、最优决策制定问题等)，拓展与丰富 OMARA 相关研究，旨在为未来的采购拍卖实践提供一定的理论与方法指导。

1.4.2 研究意义

在理论上，现实 OMARA 中存在各种复杂不确定情形，而相关的研究还很缺乏。本书的研究概括了可能存在的不确定情形，并针对不同情形研究了相关的拍卖者与投标者的决策制定问题，提出了一些新的问题模型、求解算法及决策方法框架。本书研究进一步完善和丰富了 OMARA 的研究内容。

在实践上，本书在考虑多种不确定因素或情形下得到的 OMARA 相关问题模型更加贴近现实情境，各章进行的数值算例与仿真分析也表明提出的这些决策方法的有效性与结果的可靠性。本书研究所得出的决策方法具有实际的指导意义，可以更好地为采购拍卖参与者提供方法指导与决策参考。

1.5 研究思路与方法

1.5.1 研究思路

传统经典的拍卖理论与应用方面的研究大多以单一价格属性为标准进行最优机制设计与策略分析。然而，随着经济社会的不断发展，拍卖者(反向拍卖中指采购者)逐渐重视除价格属性以外的其他越来越多的非价格属性，加之互联网技术的快速发展以及网络交易的便捷促进了 OMARA 的产生与发展，使得相关的理论与应用研究具有重要的实用价值。与此同时，当今复杂的经济、社会、环境等方面出现了更多的不确定性，使得先前有关 OMARA 的研究需要适当地更新和完善，以便更好地服务未来的反向(采购)拍卖实践。基于以上考虑，结合大量的文献阅读与分析，确定了本书的主题。全书研究思路如下：首先，通过文献阅读与现实问题观察，发现当前研究中存在的不足与研究间隙，确定本书的研究问题；其次，以问题为导向，构建不同的模型，对决策框架及模型求解方法进行创新；最后，结合算例演示，对相关问题求解。具体来说：在第 1 章，通过背景介绍阐明相关研究的紧迫性与重要性；同时，通过文献回顾提出问题，阐述本书研究的目的与意义，并介绍本书的内容与框架。在第 2 章，阐述与本书研究相关的基础知识和基本理论与方法，为后续研究打下基础。在第 3—5 章，主要从买方(采购方)的角度研究各种不确定(包括投标信息不确定、得失风险态度不确定、信息评价方式不确定等)情形下 OMARA(或 OMSMARA)的赢者确定与数量分配问题，构建新的问题模型，充分利用或结合相关理论，提出一系列求解方法，以解决各种复杂不确定情形下的决策问题。在第 6 章，进一步考虑采购拍卖中买卖双方存在协商交互的情况，研究不确定情形下买卖双方的综合决策制定问题，基于双层规划理论与模糊理论构建模型，给出相关算法设计与算例求解展示。在第 7 章，对全书内容进行归纳总结，并展望了未来的研究方向。

1.5.2 研究方法

基于以上研究思路，本书综合运用了多种研究方法，主要包括文献归纳法、定性与定量分析法、决策论法、数学建模方法、优化分析法、智能算法、对比分析法、案例分析法等。这些方法以单一或者组合的方式出现在各个章节，保证了本书研究的顺利开展。

1.6 研究内容与创新点

1.6.1 研究内容

本书主要围绕各种不确定情形下 OMARA 的相关决策制定问题展开研究，具体的研究内容与结构安排如下：

第 1 章，绪论。通过梳理与本书研究相关的国内外理论研究与行业实践现状，阐述研究背景；分析当前研究中存在的不足及研究间隙，提出问题；明确研究目的和意义；介绍研究思路、方法、主要内容以及全书结构框架；对全书的符号使用进行说明。

第 2 章，基础理论与方法概述。主要介绍与本书研究相关的基本知识，以及后续研究用到的基本概念、理论、方法等。具体包括五个部分：①拍卖基本理论；②模糊集基本理论；③多属性决策基本方法；④多目标规划基本理论；⑤双层规划基本理论。

第 3 章，基于模糊多属性决策理论的 OMARA 赢者确定问题多阶段综合决策。从拍卖者(采购者)的角度出发，在不确定情形下，提出了一个新的综合的决策方法框架。第一，模糊集理论被应用到 OMARA 赢者确定问题中来描述投标属性值存在的不确定性。第二，给出了 OMARA 赢者确定问题模型与过程的详细描述。第三，采用模糊层次分析法(F-AHP)与模糊偏差极大化法(F-DMM)，求得竞标评价属性的综合属性权重。然后，将模糊 TOPSIS(F-TOPSIS)、模糊 VIKOR(F-VIKOR)、模糊 ELECTRE II(F-ELECTRE II)、模糊 TODIM(F-TODIM)、模糊 PROMETHEE II(F-PROMETHEE II)五种模糊多属性决策方法与简单的占优准则相结合，对投标方案进行综合评价，以确定最终的获胜投标(或中标供应商)。第四，通过数值算例详细展示所提的综合决策方法框架的实施过程，并通过大量的对比分析说明本章所提方法的可行性与有效性。

第 4 章，基于前景理论的混合不确定情形下 OMARA 赢者确定方法。在实际的采购拍卖中，商品属性和供应商信息等常存在一定程度的不确定性，对这些不确定性的刻画又存在着多种模糊表述形式，这将增加采购方的风险预期及竞胜供应商确定的难度。基于此，本书从采购方角度出发，考虑到采购者面对得失时的不同风险态度对其决策的影响，综合运用前景理论和模糊集理论，研究了同时存在精确数、区间数、三角模糊数、梯形模糊数和语义模糊术语五种属性描述方式的在线多属性反向拍卖的赢者确定问题，提出一种更具一般性的混合不确定情形下在线多属性反向拍卖竞胜供应商确定方法；最后，通过数值算例和比较分析验证了所提方法的合理性和有效性。

第 5 章，基于多目标规划理论的混合不确定情形下 OMSMARA 赢者确定与数量分配决策。在现实采购拍卖中，采购者为了维持良好的市场采供关系，降低决策失误发生的概率，往往会维持适当的获胜供应商规模。本章有关 OMSMARA 的研究符合当前的采购实际。从采购者的角度出发，提出了一种新的决策方法框架来解决混合不确定情形下的 OMSMARA 赢家确定和数量分配问题：首先，采用梯形模糊数来描述不确定的投标属性值；其次，引入犹豫模糊集来表征购买者对各投标中相关属性信息的满意程度，并根据犹豫模糊评价矩阵和极大偏差法确定竞标属性权重；再次，针对 OMSMARA 问题，提出了模糊多目标混合 0-1 整数规划模型及其等价转换的优化模型，并给出相关的求解方法；最后，通过数值算例验证所提决策方法框架的可行性和有效性，并且通过敏感性分析与对比分析进一步表明了所提求解方法的鲁棒性和决策结果的可靠性。

第 6 章，基于双层规划理论的不确定情形下 OMSMARA 双边协商决策。考虑到现实情形中存在带协商交互过程的 OMSMARA，主要利用双层规划理论与模糊理论来研究不确定情形下 OMSMARA 双边协商决策制定问题：首先，基于问题分析与适当假设，建立了模糊混合整数双层规划（FMIBLP）模型，并根据增广模糊最小最大决策方法对模型进行等价转化；其次，提出了一个基于粒子群算法（PSO）的双层分布迭代算法（PSO-BLDI），用于模型的求解；最后，通过数值算例表明本章问题模型的合理性与求解方法的适用性，并通过对比分析与敏感性分析表明模型求解算法的有效性和优越性。

第 7 章，总结与展望。本章对全书内容进行了总结，并结合当前研究存在的局限，指出未来可进一步研究的若干可行方向。

综上所述，全书的结构框架如图 1.1 所示。

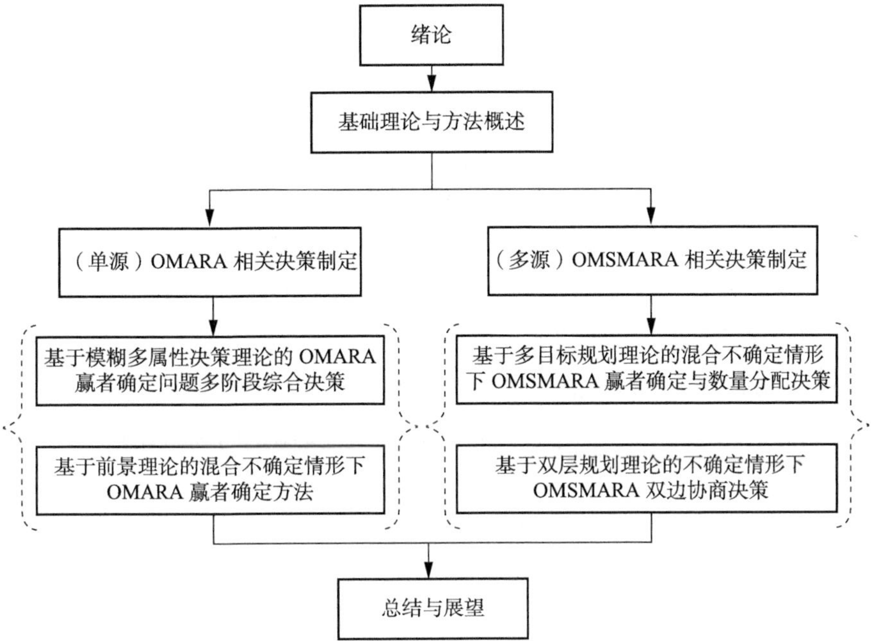

图 1.1　全书的结构框架

1.6.2　研究创新点

本书重点研究了各种不确定情形下在线多属性反向拍卖(包括单源 OMARA 和多源 OMSMARA)的相关决策制定问题。本书的创新点表现在以下四个方面：

(1)将模糊集理论与多属性决策理论结合引入 OMARA 领域来处理不确定情形下的决策问题，并提出了一个新的多阶段综合决策方法框架，通过数值算例与对比分析，说明所提方法框架的可行性、有效性与可靠性。

(2)将模糊集理论与前景理论结合引入 OMARA，以解决考虑决策者面对得失产生不同风险态度的混合不确定情形下的 OMARA 赢者确定问题；提出了一种新的、更具一般性的混合不确定情形下的 OMARA 赢者确定方法，并通过数值算例、比较分析及敏感性分析验证了所提方法的合理性、有效性与稳健性。

(3)从采购者的角度，提出了一种新的决策方法框架来解决混合不确定情形下的 OMSMARA 赢家确定和数量分配问题。考虑到采购者在决策过程中可能存在的犹豫心理，将犹豫模糊集引入 OMSMARA 来表征采购者对各投标中相关属性投标信息的满意程度，并根据犹豫模糊评价矩阵和极大偏差法确定竞标属性权重；然后，根据具体的不确定情形下的 OMSMARA 赢者确定与数量分配问题，基于多目标规划理论与模糊理论提出模糊多目标混合 0-1 整数规划模型，推导出其等价转换的优化模型，并给出具体的求解方法。相应的数值算例表明所提决策方法的可行性和有效性，敏感性分析与对比分析进一步表明所提决策方法的鲁棒性和决策结果的可靠性。

(4)结合双层规划理论与模糊相关理论研究了考虑采供双方存在协商交互情形的不确定情形下的 OMSMARA 双边决策制定问题，建立了一个新的 FMIBLP 模型，并给出了一个基于增广模糊最小最大决策方法的 PSO-BLDI算法对模型进行求解；最后，通过数值算例展示了构建模型的合理性与求解算法的适用性，同时通过不同方法的对比分析及参数敏感性分析证明所提算法的有效性。

1.7 符号使用说明

为了避免符号使用可能出现混淆的情形，这里作出以下说明：

本书各章的符号独立使用，各章内部符号使用保持一致。除第二章中有关定义、概念部分基本符号与后续章节有直接联系外，其他章节的符号使用没有关联。

| 第2章 |

基础理论与方法概述

本章主要介绍与研究相关的基本知识，以及后续研究会用到的基本概念、理论、方法等。具体包括五个模块：一是拍卖概述；二是模糊集基本理论；三是多属性决策基本方法；四是多目标规划基本理论；五是双层规划基本理论。

2.1　拍卖概述

2.1.1　拍卖的基本概念

拍卖有着悠久的历史，早在公元前 500 年的巴比伦就已经出现[113]。随着时间的推移，拍卖理论日益发展成熟。拍卖被认为是一种有效而公平的机制，因为它为买卖双方提供了平等的机会，也被称为一种供求平衡的市场出清机制[114]。在拍卖中，资源的定价过程非常清晰，即每个参与者都很清楚价格形成的规则。由 Kaplon 和 Zamir[115] 的研究可知，人们广泛接受拍卖主要有两个原因：一是拍卖的规则很简单，提供了有价值的结果；二是拍卖是一种具有悠久历史并被广泛应用的市场机制。

关于“拍卖”的概念，很多学者给出了自己的观点。Anandalingam 等[116] 将拍卖定义为“一种信息提交机制，以及基于所提交信息向参与者分配物品和支付的规则”。Zhan[117] 用非常简单易懂的话解释了什么是拍卖，指出“拍卖是一个带有部分信息的博弈，参与者对物品的估价不被其他参与者所知道。它是资源（商品）分配中常用的一种方法，指定一组规则来确定赢家和相关的支付。拍卖的一个典型场景就是卖家试图向一组竞拍者出售一个或多个物品。涉及的参与者（卖方和投标人）并不完全了解待售物品的价值，因为他们不知道其他人的价值，只知道自己的价值，而且自己的价值可能会也可能不会受到其他人的影响。所有的参与者都被认为是自私和追求回报最大化的。拍卖理论研究的就是参与者在这种非合作环境中的行为”。Myerson[118]指出，“拍卖是一种带有约束条件的机制，这个机制由投标者的投标信息集、配置规则和支付规则三部分构成”。当前，大多数拍卖机制研究延续的是 Myerson 的拍卖思想。

根据文献[117-118]可知，一般拍卖过程包括以下步骤：第一步，发布拍卖信息与规则；第二步，竞标执行及标书收集；第三步，竞标方案评价与资源排序；第四步，赢者确定；第五步，执行交易支付等相关协议。传统正向拍卖流程如图 2.1 所示。

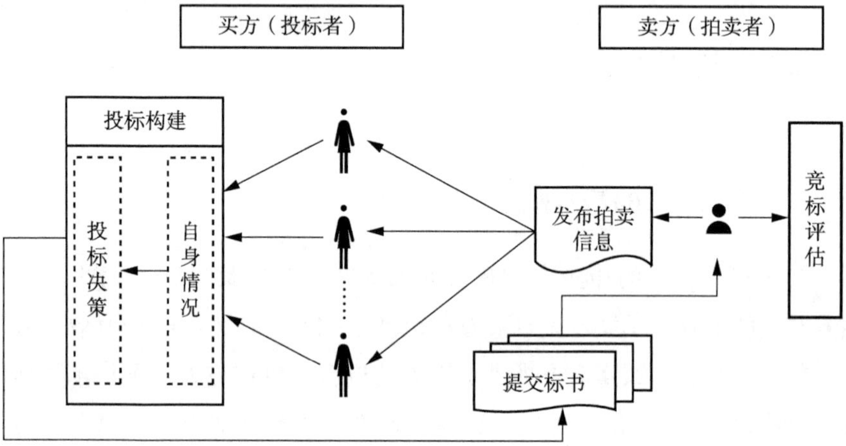

图 2.1　传统正向拍卖流程

2.1.2　拍卖的基本分类

随着市场环境与结构、拍品属性种类与拍品数量，以及定价策略、参与主体等因素的变化，先后产生了多种拍卖方式。对于拍卖的分类，目前还没有统一的标准。根据不同的标准，有不同的划分结果。本书建立了较为详细的拍卖分类，并对各种拍卖方式的基本特征进行了简单描述，见表 2.1。

表 2.1　拍卖类型划分与特征描述

分类标准	分类结果	特征描述
参与者的角色不同	正向拍卖	买方充当竞标者的角色
	反向拍卖	卖方充当竞标者的角色
	双边拍卖	买卖双方同时竞争性投标，当买者给出的最高价与卖者提出的最低价一致时，达成交易
拍品类型与数量不同	单产品单单位拍卖	一个单位的单种产品进行拍卖
	单产品多单位拍卖	多个单位的单种产品进行拍卖
	多产品单单位拍卖	多种产品且每种只有一件的拍卖
	多产品多单位拍卖	多种产品且每种有多件的拍卖
投标组成成分不同	单属性拍卖	拍卖产品只考虑价格这一评价属性
	多属性拍卖	拍卖产品同时考虑价格属性以及多种非价格属性
定价机制不同	第一价格拍卖	投标价格最高的投标者获胜，并支付自己的报价
	第二价格拍卖	投标价格最高的投标者获胜，但仅需支付第二高的报价
	第 K 价格拍卖	投标价格最高的投标者获胜，但仅需支付第 K 高的报价
	VCG 拍卖	以社会最优(社会福利最大化)方式分配资源，激励投标者按真实情况进行报价
报价信息是否公开	公开英式拍卖	公开的递增加价拍卖，最高出价竞标者胜出
	公开荷式拍卖	公开的降价拍卖，第一个应答接受投标者胜出
	第一价格密封拍卖	密闭投标，最高报价的供应商胜出，支付其报价
	第二价格密封拍卖	密闭投标，最高报价的供应商胜出，支付次高报价
投标时间或顺序不同	序贯拍卖	有顺序地进行多场拍卖，每次出售一件产品
	同时拍卖	多件产品同时进行拍卖
拍品对竞拍者的价值不同	独立私人价值拍卖	每个竞拍者独立报价，存在各自私有的拍品估价
	共同价值拍卖	拍品真实价值相同，但每个投标者对其私有信息不同
	关联价值拍卖	每个投标者的估价是所有投标者信号的函数
拍卖渠道不同	在线拍卖	通过网络拍卖平台进行线上拍卖与交易达成
	线下拍卖	常规的现场拍卖形式
投标结构不同	批量折扣拍卖	投标者根据买方不同购买数量给予价格折扣
	组合拍卖	可以对多种(单单位或多单位)不同产品进行组合报价

当然，表 2.1 只是较为粗略的拍卖分类，各种拍卖方式也不总是孤立地存在，不同拍卖方式的结合往往会产生新的用于刻画更加复杂市场环境

的拍卖方式。此外，还有其他拍卖分类标准，如考虑有无入场费、有无保留价设置、全支付还是获胜者支付、拍卖品是否可分割等，限于篇幅，在此不一一介绍。需要指出的是，在上述拍卖类型中，公开英式拍卖、公开荷式拍卖、密封第一价格拍卖、密封第二价格拍卖是最为常见的拍卖方式，它们也被称为标准拍卖模型。

2.1.3 拍卖基准模型

独立同分布的私人估价模型(IIPV)是标准拍卖中最经典、最基础的模型。该模型研究简单环境下的拍卖问题：1个卖家(拍卖者)有1个单位的不可分割的商品进行拍卖出售，n个潜在买家(投标者)参与竞标。买方拥有对拍品的独立的私人估价 $v_i(i=1, 2, \cdots, n)$，卖方不知道买方的具体估价，但知道其估价是服从分布函数为 $F(\cdot)$、密度函数为 $f(\cdot)$的随机变量。买方的投标价格记为 $b_i(i=1, 2, \cdots, n)$，最后卖家将拍品卖给出价最高的买家。IIPV包含以下基本假设[3]：

(1)投标者风险中性：每个投标者选择的报价均能使其期望效用最大化，即

$$\max_{b_i \geqslant 0}(v_i - b_i) \cdot p(win) \tag{2.1}$$

(2)独立性：多个投标者的估价 v_i 相互独立，他们不会因为受到其他投标者行为的影响而改变自己的估值。

(3)私人估价：每个投标者存在仅有自己知道而其他竞标者不知道的个人估价 v_i，而且这个估价不依赖其他投标者的估价。

(4)对称性：投标者的估价 $v_i(i=1, 2, \cdots, n)$均服从同一概率分布函数 $F(\cdot)$。

(5)卖方风险中性：卖方的目标是选择使自己预期收益最大化的拍卖方式，以确定相应的获胜投标者。

(6)单一不可分割性：拍品是不可分割的单一物品。

在上述六条基本假设下，可以得到四种标准拍卖模型的对称贝叶斯纳什均衡(Bayes Nash Equilibrium, BNE)投标策略。

定义 2.1[2] 若 $b(\cdot)$是一个对称BNE投标策略，则对于任意投标者

i，$b(v_i)$是对其他投标者投标$\{b(v_j)\}_{j\neq i}$的最优反应。

定理 2.1[3]　在第一价格密封拍卖中，存在唯一对称且单增的 BNE 投标策略：

$$b_{FP}(v)=v-\frac{1}{F^{n-1}(v)}\int_0^v F^{n-1}(x)dx \tag{2.2}$$

其中，v 表示投标者的估价，$F(\cdot)$是估价的分布函数，FP 表示第一价格。

由定理 2.1 可知，在第一价格密封拍卖中，估价为 v 的投标者的期望支付为

$$m_{FP}(v)=b_{FP}\cdot F^{n-1}(v)=v\cdot F^{n-1}(v)-\int_0^v F^{n-1}(y)dy \tag{2.3}$$

定理 2.2[3]　在第二价格密封拍卖中，投标者报出自己真实估价作为投标价(即说真话)是其弱占优策略，即 $b_i=v_i$。

此时，估价为 v 的投标者的期望支付为

$$m_{SP}(v)=v\cdot F^{n-1}(v)-\int_0^v F^{n-1}(y)dy \tag{2.4}$$

其中，v 表示投标者的估价，$F(\cdot)$是估价的分布函数，SP 表示第二价格。

由上述两个定理可以发现：当投标者估价相同时，其在第一价格与第二价格密封拍卖中的预期支付相同。

定理 2.3[3]　在英式拍卖中，投标者的 BNE 投标策略为

$$b(v)=\begin{cases}p, & v_i\geqslant p\\ 0, & v_i<p\end{cases} \tag{2.5}$$

其中，p 表示英式拍卖中不断上升的报价。

定理 2.4[3]　在荷式拍卖中，投标者的 BNE 投标策略与第一价格密封拍卖中的投标均衡策略相同。

定理 2.5[3]　在 IIPV 假设下，上述四种标准拍卖中卖方得到的事前期望收益均相同。

定理 2.5 即拍卖理论中著名的“收益等价定理”。以上各定理的证明可以参看文献[3]，这里不作赘述。

2.1.4 拍卖机制设计

机制设计主要应用于微观经济学，对政策制定有重大影响[119]。机制设计有助于达成某种协议，即在假设参与者进行战略互动前提下寻求诱导参与者拥有的私人信息，以实现各自的预期目标。机制设计在应用经济学以及靠市场驱动的应用领域的重要性可以从以下事实看出：罗杰·迈尔森、埃里克·马斯金和列昂尼德·赫维奇三人因在机制设计领域的突出贡献而共同获得 2007 年诺贝尔经济学奖。一般的机制可以分为两类：转移机制和不转移机制。投票机制和匹配机制是“不转移机制”的代表，而拍卖是“转移机制”的一个特例。关于机制设计的更多细节可参看文献[120]。

拍卖机制设计是在资源价值仅有投标人知道的情况下，针对在投标人之间分配某些产品或资源而提出的机制设计问题。其中，全局目标或社会目标一般是在拍卖市场中使卖方收入最大化或使社会总福利最大化(即资源分配给最重视它们的投标人)。拍卖机制设计问题主要是分析特定机构的行为，重点从福利最大化或收益最大化的角度设计拍卖，并满足其他一些优良的性质(如个人理性、激励相容、预算均衡等)。下面仅对单一物品采购拍卖(反向拍卖)机制设计进行简单介绍。

假如一个买家考虑从 n 个竞争的卖家(即产品提供商)处购买某种资源，这显然就是一个拍卖机制设计问题。这里，拍卖产出结果由两部分组成：分配决策向量 $\boldsymbol{A}$ 和支付决策向量 $\boldsymbol{P}$，其中 $\boldsymbol{A}=\{a_1, a_2, \cdots, a_n\}$，$\sum a_i \leqslant 1$，$a_i \in [0, 1]$，$i \in N=\{1, 2, \cdots, n\}$，且 a_i 表示产品分配给卖家 i 的概率；$\boldsymbol{P}=\{p_1, p_2, \cdots, p_n\}$，$p_i$ 表示卖家 i 收到买家的支付。假设 $\boldsymbol{B}=\{b_i(i \in N)\}$ 是卖家的要价(投标价)，则组合($\boldsymbol{B}$，$\boldsymbol{A}$，$\boldsymbol{P}$)称为一个反向拍卖机制。在其他带有不同假设的不同类型的拍卖方式中，也可以使用类似的机制设计进行建模与分析。

由大量拍卖研究文献可知，拍卖机制设计常具有以下品性要求，可帮助拍卖设计者评估其拍卖机制的品质[119]：

(1)激励相容(Incentive Compatibility)：一个拍卖机制被认为是激励相容的(也称为真实的或防策略操纵的)，当且仅当投标人提供真实的报价时

(即披露他们真实的投标信息)，才能得到最大的效用。设计一个好的支付规则，可以帮助拍卖设计者实现这一目标。常见的激励相容有两类，即占优策略激励相容和贝叶斯纳什激励相容。

(2)个体理性(Individual Rationality)。拍卖投标者无论中标与否，最后都能获得非负的效用，这个性质被称为个体理性。这个性质会激励更多投标者参与到拍卖之中。

(3)最优性(Optimality)。在正向拍卖中，卖方的目标是使其收益最大化，即卖方将拍卖品拍给最高出价的投标者，那么这个拍卖机制满足最优性。同样，在反向拍卖中，当客户支付了最低的出价时，机制是最优的。

(4)效率性(Efficiency)。在拍卖相关文献中，对效率的解释有多种。其中一个重要概念是社会福利，即当与最好的投标者进行交易时，拍卖被称为有效。另一个重要概念是配置效率，即当拍卖使整个系统的效率最大化时，拍卖被称为有效。

(5)预算均衡(Budget Balance)。如果拍卖中买方支付的款项总额大于或等于卖方收到的款项总额，则称该拍卖满足预算均衡。该性质的目的主要是激励拍卖师举行拍卖。

(6)可计算性(Computationally Tractable)，也称时间复杂度，表示拍卖所需的时间。时间复杂度随着问题规模的增加而增加。例如，组合拍卖问题往往是 NP-hard 的。因此，好的拍卖机制必须具有可计算性。

2.1.5　MARA/OMARA 概述

(在线)多属性反向拍卖(MARA/OMARA)考虑了传统的价格属性以及许多非价格属性，更加符合现实的采购拍卖，已经广泛应用于多个领域[17-26]，在经济社会发展中的作用日益增强。Che[14] 于 1993 年第一次较为系统地研究了多属性采购拍卖，并证明了二维情形下的收入等价原理，提出了三种得分(第一得分、第二得分、第二偏好得分)拍卖概念，并得到了相应的均衡投标策略。随后，大量学者基于其研究，不断完善和丰富相关研究[15-26]。

OMARA 从创建报价请求(RFQ)开始，先通过 RFQ 描述买方的具体要求(包括除价格以外的多个属性要求)，然后邀请多个合格的供应商参与投标，最终建立一个完整的多供应商在线相互竞价的拍卖过程，具体过程如图 2.2 所示。RFQ 中包含了多个非价格属性要求及评分函数信息。

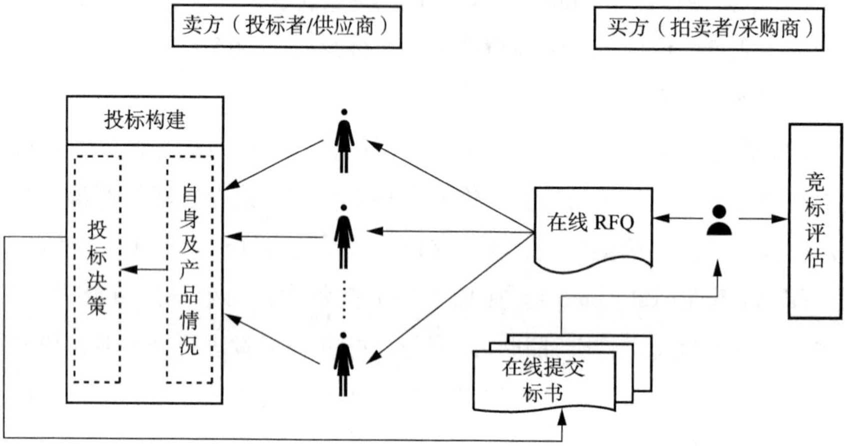

图 2.2　在线多属性反向拍卖流程

在 MARA 或 OMARA 中，由于考虑了多属性，通常采购者需要公布一个得分函数(或称评分函数)，诱导投标者(供应商)以自己真实的产品信息进行在线投标。David[16] 提出了一个包含 $m+1$ 个属性(一个价格属性 p 和 m 个质量属性 q_j)的拟线性得分函数，形如

$$S(p,\ q_1,\ \cdots,\ q_m) = -p + \sum_{j=1}^{m} \omega_j \sqrt{q_j} \tag{2.6}$$

其中，ω_j 是采购者赋予质量属性 q_j 的相对权重。但是不难发现，上述得分函数存在明显的不足，即没有消除量纲不一致的问题。于是，王明喜[121] 针对上述问题，提出了一种去量纲化的方法，并给出了几种评分函数类型。大致过程如下：

假设一个采购者采购一种不可分商品，有 n 个供应商参与投标。采购商根据个人偏好设定的投标属性包括一个价格属性 p 和 m 个质量属性 q_j，并在线发布评分函数。然后，供应商密封提交各自标书，获得最高得分的供应商中标(即第一得分拍卖)，并按相应投标规格进行交易。用如下矩阵表示供应商投标信息：

$$\begin{bmatrix} p_1 & q_{11} & \cdots & q_{1m} \\ p_2 & q_{21} & \cdots & q_{2m} \\ \vdots & \vdots & \ddots & \vdots \\ p_n & q_{n1} & \cdots & q_{nm} \end{bmatrix} \tag{2.7}$$

其中，p_i 表示投标者 i 的投标价格；q_{ij}表示投标者 i 对质量属性 j 的投标值(不失一般性，假定这里的质量属性均为效益型属性，而成本型属性可经适当处理转化为效益型)，$i=1, 2, \cdots, n, j=1, 2, \cdots, m$。考虑现实情况，假设采购者可接受的最高价格与最低质量标准分别为$\bar{p}$和$\underline{q_j}$。通过式(2.8)，可以对初始投标信息进行无量纲化处理，即

$$p_i^* = \frac{\bar{p}}{p_i},\ q_{ij}^* = \frac{q_{ij}}{\underline{q_{ij}}},\ i=1, 2, \cdots, n,\ j=1, 2, \cdots, m \tag{2.8}$$

可得到标准化的投标矩阵：

$$\begin{bmatrix} p_1^* & q_{11}^* & \cdots & q_{1m}^* \\ p_2^* & q_{21}^* & \cdots & q_{2m}^* \\ \vdots & \vdots & \ddots & \vdots \\ p_n^* & q_{n1}^* & \cdots & q_{nm}^* \end{bmatrix} \tag{2.9}$$

基于标准化的投标信息，王明喜提出了两类得分函数：

(1)简单加权(SAW)得分函数：

$$S_i(p_i^*, q_{i1}^*, \cdots, q_{im}^*) = -\omega_0 p_i^* + \sum_{j=1}^{m} \omega_j \sqrt{q_{ij}^*} \tag{2.10}$$

(2)加权积(WP)得分函数：

$$S_i(p_i^*, q_{i1}^*, \cdots, q_{im}^*) = (p_i^*)^{\omega_0} \cdot \prod_{j=1}^{m} (q_{ij}^*)^{\omega_j} \tag{2.11}$$

其中，ω_0，ω_j 分别表示采购者给予价格属性与质量属性的相对权重，且 $\omega_0 + \sum \omega_j = 1$。

最后，得分最高的供应商中标。在第一得分拍卖中，中标者按照自己投标的价格和质量进行交易；而在第二得分拍卖中，中标者可以按达到第二高得分的任一价格与质量投标配置(满足基本价格质量可接受范围的前提下)进行交易。

2.2 模糊基本理论

1965 年，Zadeh[27]教授首次提出模糊集理论，用于解决不确定或非精确信息下的决策制定问题。模糊集的一个典型特征，就是其中的每一个元素都由隶属度函数赋予相应的隶属度。一般地，模糊集包括区间数、三角模糊数、梯形模糊数、模糊语义术语集、直觉模糊数、犹豫模糊集、语言直觉模糊集、语言犹豫模糊集、毕达哥拉斯模糊集以及上述模糊数的拓展形式等。上述模糊集在模糊决策问题中的应用十分普遍，相对来说，前六个使用的更为广泛一些[39,40]。

（在线）反向拍卖实践中常存在各种不确定性，因此本书后续章节充分利用模糊集在不确定性刻画方面的优势，将以下几种模糊数（集）引入对反向采购拍卖竞标属性的刻画及竞标信息评价等方面，以处理各种复杂不确定性情形下的决策制定问题。下面简单介绍这几种模糊数（集）的相关概念。

2.2.1 区间数相关概念

定义 2.2[25] 已知 R 为实数集，一个区间数可表示为如下形式：$\tilde{r}=[r^L, r^U]=\{r \mid r^L\leqslant r\leqslant r^U, r\in \mathrm{R}\}$，其中 r^L，r^U 是区间数的上界和下界。

特别地，当 $r^L=r^U$ 时，区间数 $\tilde{r}$ 就退化成一个精确数。

定义 2.3[25] 若 $\tilde{r}_1=[r_1{}^L, r_1{}^U]$ 和 $\tilde{r}_2=[r_2{}^L, r_2{}^U]$ 为区间数，则它们之间的欧氏距离为

$$d(\tilde{r}_1, \tilde{r}_2)=\sqrt{\frac{1}{2}[(r_1{}^L-r_2{}^L)^2+(r_1{}^U-r_2{}^U)^2]} \tag{2.12}$$

2.2.2 三角模糊数相关概念

定义 2.4[26] 一个模糊数，当其具有形式 $\tilde{a}=[a^L, a^M, a^U]$，$-\infty<a^L\leqslant a^M\leqslant a^U<+\infty$，且其隶属度函数为

$$\mu_{\tilde{a}}=\begin{cases}\dfrac{x-a^L}{a^M-a^L}, & a^L<x<a^M\\ \dfrac{a^U-x}{a^U-a^M}, & a^M<x<a^U\\ 0, & \text{其他}\end{cases} \tag{2.13}$$

则称其为三角模糊数(TFN)。

特别地，当 $a^L=a^M\neq a^U$ 或 $a^L\neq a^M=a^U$ 时，TFN 退化为区间数。

定义 2.5[26]　当 $\tilde{a}=[a^L, a^M, a^U]$ 和 $\tilde{b}=[b^L, b^M, b^U]$ 都是 TFN 时，它们之间的欧氏距离可表示为

$$d(\tilde{a}, \tilde{b})=\sqrt{\frac{1}{3}[(a^L-b^L)^2+(a^M-b^M)^2+(a^U-b^U)^2]} \tag{2.14}$$

定义 2.6[26]　若 $\tilde{a}_1=[a_1^L, a_1^M, a_1^U]$ 与 $\tilde{a}_2=[a_2^L, a_2^M, a_2^U]$ 都是 TFN，则它们之间的基本运算法则为

$$\begin{cases}\tilde{a}_1+\tilde{a}_2=(a_1^L+a_2^L, a_1^M+a_2^M, a_1^U+a_2^U)\\ \tilde{a}_1-\tilde{a}_2=(a_1^L-a_2^L, a_1^M-a_2^M, a_1^U-a_2^U)\\ \tilde{a}_1\times\tilde{a}_2=(a_1^L\times a_2^L, a_1^M\times a_2^M, a_1^U\times a_2^U)\\ (a_1^L, a_1^M, a_1^U)^{-1}=(1/a_1^U, 1/a_1^M, 1/a_1^L)\end{cases} \tag{2.15}$$

定义 2.7[26]　若 $\tilde{a}=[a^L, a^M, a^U]$ 是 TFN，则其去模糊化公式为

$$defuzzy(\tilde{a})=(a^L+a^M+a^U)/3 \tag{2.16}$$

2.2.3　梯形模糊数相关概念

定义 2.8[26]　一个模糊数，当其具有形式 $\tilde{a}=[a^L, a^M, a^N, a^U]$，$a^L\leqslant a^M\leqslant a^N\leqslant a^U$，且其隶属度函数为

$$\mu_{\tilde{a}}=\begin{cases}\dfrac{x-a^L}{a^M-a^L}, & a^L<x<a^M\\ 1, & a^M<x<a^N\\ \dfrac{a^U-x}{a^U-a^N}, & a^N<x<a^U\\ 0, & \text{其他}\end{cases} \tag{2.17}$$

则称其为 TrFN。

特别地，当 $a^M=a^N$ 时，TrFN 退化为 TFN。

定义 2.9[26] 当$\tilde{a}=[a^L, a^M, a^N, a^U]$和$\tilde{b}=[b^L, b^M, b^N, b^U]$都是 TrFN 时，它们之间的欧氏距离可表示为

$$d(\tilde{a}, \tilde{b})=\sqrt{\frac{1}{4}[(a^L-b^L)^2+(a^M-b^M)^2+(a^N-b^N)^2+(a^U-b^U)^2]} \tag{2.18}$$

2.2.4 模糊语义术语集相关概念

定义 2.10[26] 设 S 为模糊语义术语集，则可表示为 $S=\{s_k \mid k=0, 1, \cdots, T\}$。其中，$s_k$ 表示 S 中第 $k+1$ 个模糊语义术语，即元素都是用不确定的语义表达。

T 一般取偶数，例如，当 $T=4$ 时，$S=\{s_0, s_1, \cdots, s_4\}$，可以分别对应"很差、差、中等、良好、很好"五种模糊语义术语。为了便于模糊语义术语的处理与计算，一般可以将它们转化成 TFN 的形式，具体方法[44]见式(2.19)。

$$s_k=\tilde{c}_j=[c_1, c_2, c_3]=\left[\max\left(\frac{k-1}{T}, 0\right), \frac{k}{T}, \min\left(\frac{k+1}{T}, 1\right)\right] \tag{2.19}$$

同时，在 S 中存在两种算子：①比较算子，若 $i\geqslant j$，即 $s_i\geqslant s_j$；②否定算子，若 $j=T-i$，即 $\text{neg}(s_i)=s_j$。

2.2.5 犹豫模糊集相关概念

为了解决人们在表达自己的观点或评价时常表现出犹豫不决心理这一现实问题，Torra[122]于 2010 年提出了犹豫模糊集(HFS)，以扩展传统的模糊集理论。该模糊集用 0 到 1 之间的可能数值来描述元素属于某种状态或者情景集合的隶属度。下面介绍 HFS 的基本定义、计算法则、比较规则等基础知识。

定义 2.11[122] 令 X 为一个有限论域，X 上的一个 HFS E 以函数形式进行定义，即将集合 X 中元素 x 映射成[0, 1]区间集合的子集。E 可具体表达为

$$E=\{<x,\ h_E(x)>|\ ,\ x\in X\} \tag{2.20}$$

其中，$h_E(x)$为犹豫模糊元素(HFE)，每个 HFE 包含一组属于[0，1]之间的值，这些值表示元素 x 可能的隶属度。E 是所有 HFE 的集合。将 $h_E(x)$中的元素按降序排列时，令 $h_E^{\delta\{l\}}(x)$ [$l=1,\ 2,\ \cdots,\ lh_E(x)$]为$h_E(x)$中第 l 大的值，其中 $lh_E(x)$指代集合 $h_E(x)$中值的个数。为了简便起见，后文简记 $h_E(x)$为 $h(x)$。

定义 2.12[123]　给定一个 HFE h，它的上、下界分别为 $h^+(x)=\max_j\{h(x_j)\}$，$h^-(x)=\min_j\{h(x_j)\}$。

定义 2.13[124]　已知 $\lambda>0$，$h(x_1)$，$h(x_2)$，$h(x_3)$是任意三个 HFE，则它们的相关计算法则如下：

(1)$h_1\cup h_2=\bigcup_{r_1\in h_1,r_2\in h_2}\max\{r_1,\ r_2\}$；

(2)$h_1\cap h_2=\bigcup_{r_1\in h_1,r_2\in h_2}\min\{r_1,\ r_2\}$；

(3)$\lambda h=\bigcup_{r\in h}\{1-(1-r)^\lambda\}\ (\lambda>0)$；

(4)$h^\lambda=\bigcup_{r\in h}\{r^\lambda\}\ (\lambda>0)$；

(5)$h_1+h_2=\bigcup_{r_1\in h_1,r_2\in h_2}\{r_1+r_2-r_1r_2\}$；

(6)$h_1\times h_2=\bigcup_{r_1\in h_1,r_2\in h_2}\{r_1r_2\}$。

定义 2.14[125]　一般的 HFE 的得分函数常定义为 $SF(h)=\sum_{r\in h}\left(\frac{r}{lh}\right)$，相应的平均偏差函数定义为 $D(h)=\frac{1}{lh}\sum_{r\in h}[r-SF(h)]^2$。

根据定义 2.14，给出两个 HFE 的比较规则：

(1)若 $SF(h_1)>SF(h_2)$，则 $h_1>h_2$；若 $SF(h_1)<SF(h_2)$，则 $h_1<h_2$。

(2)若 $SF(h_1)=SF(h_2)$，则 $D(h_1)>D(h_2)$，$h_1<h_2$；$D(h_1)=D(h_2)$，$h_1=h_2$；$D(h_1)<D(h_2)$，则 $h_1>h_2$。

2.3　多属性决策基本方法

多属性决策是多准则决策的重要组成部分，它与多目标决策一起构成了多准则决策体系，是运筹学与管理科学的重要分支。多属性决策着重研究关于离散的、有限个决策方案的决策问题及优选排序问题。多属性决策是现代决策科学的一个重要组成部分，其理论和方法在工程设计、经济、管理和军事等领域有着广泛的应用，如投资决策、项目评估、维修服务、武器系统性能评定、工厂选址、投标招标、产业部门发展排序和经济效益综合评价等。

多属性决策主要由两部分组成：

(1)获取决策信息。决策信息一般包括两个方面的内容：属性权重和属性值(属性值主要有三种形式：实数、区间数和语言)。其中，属性权重的确定是多属性决策中的一个重要研究内容。

(2)通过一定的方式对决策信息进行集结，并对方案进行排序和择优。不确定多属性决策是在经典多属性决策理论上的延伸和发展。不确定多属性决策理论主要包括三个方面的内容，即随机型、模糊型及描述性决策理论与方法。由第1章的文献综述(第1.2.3小节)可以看出，当前多属性/多准则决策方法已经相当丰富。AHP、TOPSIS、TODIM、VIKOR、PROMETHEE和ELECTRE是最为常用的几种多属性决策方法，它们在解决供应商评价和选择、多属性可再生能源选择等相关决策问题中已被广泛应用[113-116]。下面主要对这几种常用的多属性决策方法进行简单介绍。

2.3.1 AHP方法

层次分析法(AHP)是美国运筹学家萨蒂于20世纪70年代初，为美国国防部研究“根据各个工业部门对国家福利的贡献大小而进行电力分配”课题时，应用网络系统理论和多目标综合评价方法提出的一种层次权重决策分析方法。它也是一种经典的且被广泛运用的确定属性权重的方法[67-69]。

AHP是一种解决多目标复杂问题的定性与定量相结合的决策分析方法。该方法将定量分析与定性分析结合起来，用决策者的经验判断各目标能否实现标准之间的相对重要程度，并合理地给出了每个决策方案中每个标准的权数，利用权数求出各方案的优劣次序，比较有效地应用于那些难以用定量方法解决的问题。

AHP的理论与应用研究非常丰富[52-56]。Wind等[52]回顾了AHP在市场营销中的一些应用，并提出了在多层级系统中基于多属性的主观决策模型。在AHP中，决策问题常具有层次结构，它依赖不同方案对某些准则或属性进行两两比较。但是，传统的AHP方法存在一定的局限性，如没有考虑主观判断的模糊不确定性等。为了避免这种情况的发生，许多研究将模糊集理论与AHP方法进行结合来处理有关的不确定性问题，这类方法在许多复杂的决策问题中得到了应用。例如，Huang等[53]应用F-AHP方法进行公共部门研发项目的选择；Kilincci等[54]使用F-AHP方法解决运用TFN表示语言变量的供应商备选方案选择问题；Ayhan等[55]利用F-AHP方法构建了一个多项目/多供应商环境下的供应商选择问题的两阶段方法；Paksoy等[56]基于F-AHP方法解决了分销渠道管理组织的策略制定问题。

AHP方法的基本思路是将所要分析的问题层次化，根据问题的性质和所要达成的总目标，将问题分解为不同的组成因素，并按照这些因素的关联影响及隶属关系，将因素按不同层次凝聚组合，形成一个多层次分析结构模型，再对问题进行优劣比较并排列。具体来说，包含以下过程：①确定系统总目标，将决策的目标、考虑的因素（决策准则）和决策对象按照它们之间的相互关系分为最高层、中间层和最低层，绘出层次结构图（对于相邻的两层，称高层为目标层、低层为因素层）。②构建比较判别矩阵A。AHP构造判断矩阵的方法是一致矩阵法，即：不把所有因素放在一起比较，而是进行两两比较；对比时采用相对尺度，以尽可能减少性质不同因素相互比较的困难，以提高准确度。③层次单排序（含一致性检验），对应判断矩阵最大特征根λ_{max}的特征向量，经归一化（使向量中各元素之和为1）后记为W，W的元素为同一层次元素对上一层某因素相对重要性的排序权值，这一过程称为层次单排序。此外，定义一致性比率CR=CI/RI。一般认为，当一致性比率CR<0.1时，判别矩阵A的不一致程度在容许范围之内，有满意的一致性，通过一致性检验。④层次总排序（含一致性检验）。计算某一层次所有因素对最高层（总目标）相对重要性的权值，称为层次总排序。这一过程是从最高层次到最低层次依次进行的。

2.3.2 TOPSIS方法

TOPSIS方法最早是由Hwang等[57]为了解决MADM问题而提出的，是多目标决策分析中一种常用的有效方法。一方面，由 TOPSIS 方法得到的最优备选方案应该是最接近正理想解的，也即最大化方案的收益属性及最小化其成本属性；另一方面，最大限度地远离成本属性最大化、收益属性最小化的负理想解，所以该方法有时又称优劣解距离法。TOPSIS 方法的基本原理如下："理想解"和"负理想解"是 TOPSIS 方法的两个基本概念。所谓理想解，是一个设想的最优解(方案)，它的各个属性值都达到了备选方案中最好的值；而负理想解是一个设想的最劣的解(方案)，它的各个属性值都达到了备选方案中最坏的值。方案排序的规则是，把各备选方案与理想解和负理想解作比较，若其中有一个方案最接近理想解，同时又远离负理想解，则该方案是备选方案中最好的方案。已有大量的研究运用 TOPSIS 方法来解决 MADM 问题，如供应商的评估和选择[58]、地下水质量的性能评估[126]等。然而，传统的 TOPSIS 是基于精确的数值表述进行的。如果评估值具有不同程度的模糊性、不精确性或不确定性，则需要对基础的 TOPSIS 进行改进。近年来，人们尝试将模糊集理论与 TOPSIS 方法相结合，应用于供应商选择[73,74]、群决策下的设备选址[127]等实际中。

TOPSIS 方法的主要过程如下：①构建决策矩阵并标准化(有些还需要计算加权标准化决策矩阵)；②确定各属性的正、负理想值，组成正、负理想方案；③计算各方案与正、负理想方案的距离；④计算各方案与正理想方案的相对贴近度，并按从小到大的顺序对各方案进行排序；⑤确定相对贴近度最大的方案为最优方案。

2.3.3 TODIM 方法

Gomes 和 Lima(1992)[97]首次提出了 TODIM 方法。该方法规定，每个方案相对于其他方案的优势度是通过一个前景值函数来衡量的，并且根据获得的最终综合优势值来确定投标方案的排序。TODIM 方法已经广泛应用于 MADM 问题，如绿色供应链评价[128]和失效模式的影响分析[129]等。然而，传统的 TODIM 方法只能用来处理精确数字表示属性值的 MADM 问题，在实际决策中出现估计不精确、知识不足和内在不确定情形时就不能充分应对。为此，模糊 TODIM(F-TODIM)方法应运而生。Krohling 和 Souza[102]

以及 Fan 等[103]分别利用 F-TODIM 方法解决了模糊及混合不确定情形下的 MADM 问题。

TODIM 方法的主要过程如下：①构建决策矩阵并标准化；②计算各属性相对于其他属性的相对权重(权重比值)；③计算各方案相对于其他方案的占优度；④计算每个方案的综合占优值(或前景值)，并根据从小到大的顺序对方案进行排序，占优值最大的方案为最优方案。

2.3.4　VIKOR 方法

VIKOR 方法由 Opricovic[130]开发，常用于解决复杂系统中的 MCDM/MADM 问题。该方法适用于对一组备选方案进行排序，并获得最佳方案或一组折中方案[95]。与 TOPSIS 方法不同的是，VIKOR 方法引入了一个基于一种特殊 L_p-测度的排序指数，用于计算每个备选方案与最佳方案之间的距离。在 VIKOR 方法中，L_{1i}和 $L_{\infty i}$分别用群体效用测度(H_i)和个体遗憾测度(R_i)来进行方案排序[131]。然而，VIKOR 方法是有局限的，因为该方法只能用于处理属性值为精确数的 MADM 问题。当信息不确定或属性值模糊时，需要使用拓展型的 F-VIKOR 方法。例如，在模糊环境下，Sanayei 等[104]和 Shemshadi 等[105]分别提出了不同的基于 F-VIKOR 方法的供应商选择决策方法。

VIKOR 方法的主要过程如下：①构建决策矩阵并标准化；②确定关于每个属性的正理想值与负理想值；③计算各方案的群体效应值与个体遗憾值；④计算每个方案的综合评价指标值，并按从小到大的顺序进行方案排序；⑤验证妥协解是否存在。

2.3.5　PROMETHEE 方法

PROMETHEE 方法是由 Brans 等[63]首次提出的一种基于偏好函数的超排序方法，并且不断得到其他研究者的后续应用与拓展[64,65]。该方法适用于决策者需根据多个复杂的属性值对方案进行综合评价与优选的情形。PROMETHEE 方法有两种常用的类型。其中，PROMETHEE Ⅰ方法提供招标方案的偏序排列，而 PROMETHEE Ⅱ方法提供投标方案的完全排序。

PROMETHEE 方法已广泛应用于供应商选择、环境管理、财务管理、供应链管理、制造与装配等[64]。

进一步地，在模糊环境下，Behzadian 等[65]将传统的 PROMETHEE 方法拓展到模糊 PROMETHEE(F-PROMETHEE)。在一些管理决策问题研究中，该模糊决策方法已被广泛运用。例如，Yilmaz 等[92]综合了F-PROMETHEE方法和目标规划技术进行设备的选择；Lolli 等[66]提出了基于 F-PROMETHEE 方法的污水处理群体决策方法。

PROMETHEE 方法的主要过程如下：①构建决策矩阵并标准化；②确定关于每个属性(准则)的偏好函数；③计算任意两个方案在每个属性下的偏差值；④根据偏好函数计算每个方案关于其他方案的强度值，常称为“出流”；⑤根据偏好函数计算每个方案关于其他方案的弱势值，常称为“入流”；⑥根据出流、入流的值，选定具有最高出流、最低入流的方案为最优方案；⑦当出、入流比较结果相反时，需要借助“净流”(等于出流减去入流)的概念进行排序；⑧按净流值从小到大的顺序进行方案排序。

2.3.6 ELECTRE 方法

Benayoun 等[132]于 1966 年首次提出 ELECTRE 方法，这是一种广泛应用于计算反映决策者偏好部分优先级的方法。随后，Figueira 等[133]将 ELECTRE 方法引入多准则决策分析问题。Mei 和 Xie[134]基于 ELECTRE 方法设计了一个应用于地铁站紧急情况评估的评价策略。

传统的 ELECTRE 方法在解决供应商选择问题时不能处理带有非精确或者模糊语言评价的信息，因此后续研究者提出了模糊 ELECTRE(F-ELECTRE)方法。已有很多文献在 F-ELECTRE I 方法的框架下，对模糊 MADM 问题进行了研究。例如：Sevkli[107]给出了模糊 ELECTRE II(F-ELECTRE II)方法进行供应商的选择；Liao 等[108]基于 ELECTRE II 方法提出了在犹豫模糊环境下解决 MCDM 问题的两个新方法。

ELECTRE 方法的主要过程如下：①构建决策矩阵并标准化；②构建加权标准化评价矩阵；③构建一致与不一致指数矩阵；④确定“级别高于”关系，建立一致性与不一致比较矩阵；⑤根据最终方案的优先级聚合值进行排序。

2.4　多目标规划基本理论

多目标规划(Multi-Objective Programming，MOP)是数学规划领域的一个重要分支。它主要研究在给定范围内存在多个目标函数时的最优化问题，所以也常被称为多目标最优化。MOP 中的多个目标往往存在冲突或者矛盾。1896 年，法国经济学家帕雷托最早研究这类不可比较目标的优化问题，因而多目标规划“最优解”常被称为“帕累托最优解”。1947 年，J. 冯 · 诺伊曼和 O. 莫根施特恩从对策论的角度提出了有多个决策者在彼此有矛盾情况下的多目标问题。1951 年，T. C. 库普曼斯在生产和分配活动中提出多目标最优化问题，引入有效解的概念，并得到一些基本结果。同年，H. W. 库恩和 A. W. 塔克尔从研究数学规划的角度提出向量极值问题，引入库恩-塔克尔有效解概念，并研究了它的必要和充分条件。1963 年，L. A. 扎德从控制论方面提出多指标最优化问题，并给出了一些重要结论。1968 年，A. M. 日夫里翁为了排除变态的有效解，引入真有效解概念，并得到有关结果。20 世纪 70 年代以来，MOP 的研究越来越受到人们的重视，并在资源分配、生产调度、计划编制以及云制造服务选择等诸多领域得到广泛应用[136,137]。求解多目标规划的方法主要分为两类：一类主要是通过技术手段把多目标优化问题化为容易求解的单目标或双目标优化问题，如线性加权法、主要目标法及理想点法等；另一类称作分层序列法，先把多个目标按重要程度排成一个序列，然后在前一个目标的最优解集范围内求解下一个目标的最优解，直至求出共同最优解为止[135]。由于现实社会中各种不确定性因素的影响，多目标优化又不断被拓展，出现了随机多目标规划、模糊多目标规划、模糊随机多目标规划等新的形式。下面仅简单介绍多目标规划模型及其常见求解方法。

2.4.1　多目标规划模型

多目标规划模型一般数学表达形式如下：

$$\text{OPT}\ F(X)=[f_1(X),\ f_2(X),\ \cdots,\ f_P(X)]^{\mathrm{T}} \tag{2.21}$$

$$\text{s.t.}\begin{cases}g_i(X)\geqslant 0, & i=1,\ 2,\ \cdots,\ n\\ h_j(X)=0, & j=1,\ 2,\ \cdots,\ m\end{cases} \tag{2.22}$$

其中，OPT 一般指求最大或者最小(max 或 min)；$f_i(X)$ ($i=1,\ 2,\ \cdots,\ p$)表示 p 个目标函数；$X=(x_1,\ x_2,\ \cdots,\ x_n)$表示决策变量；$g_i(X)$，$h_j(X)$ 分别表示不等式与等式约束。

2.4.2 多目标规划模型常见求解方法

2.4.2.1 主要目标法

假定上述多目标规划问题中每个目标求最大，并将第一个目标定为主要目标，其余 p-1 个目标为次要目标，则原问题可以转化为让主要目标最大化，其余目标满足一定约束条件的新模型(该方法类似于第 5 章提到的 ε-约束方法)，即

$$\max f_1(X) \tag{2.23}$$

$$\text{s.t.}\begin{cases}g_i(X)\geqslant 0, & i=1,\ 2,\ \cdots,\ n\\ h_j(X)=0, & i=1,\ 2,\ \cdots,\ m\\ f_k(X)\geqslant \alpha_k, & k=2,\ 3,\ \cdots,\ p\end{cases} \tag{2.24}$$

2.4.2.2 线性加权法

假定每个目标有相同的量纲(量纲不同时，可先进行无量纲化处理)，给每个目标赋予一个权重 ω_i，则可以将原始规划问题转化为

$$\max\ U(X)=\sum_{i=1}^{p}\omega_i f_i(X) \tag{2.25}$$

$$\text{s.t.}\begin{cases}g_i(X)\geqslant 0, & i=1,\ 2,\ \cdots,\ n\\ h_j(X)=0, & j=1,\ 2,\ \cdots,\ m\end{cases} \tag{2.26}$$

2.4.2.3 理想解法

先在约束条件不变的情况下，求解 p 个单目标优化问题的最优值，记为 f_i^*，则把所有单目标规划最优值组成的向量 $f^*=(f_1^*,\ f_2^*,\ \cdots,\ f_p^*)$称为值域中的一个理想解。那么，原问题可转化为求解距离理想解最近的解向量 $f=(f_1,\ f_2,\ \cdots,\ f_p)$，即等价转化为如下模型：

$$\max \varphi(X)=\sqrt{\sum_{i=1}^{p}\left[f_i(X)-f_i^*(X)\right]^2} \tag{2.27}$$

$$\text{s.t.}\begin{cases}g_i(X)\geqslant 0,\ i=1,\ 2,\ \cdots,\ n\\ h_j(X)=0,\ j=1,\ 2,\ \cdots,\ m\end{cases} \tag{2.28}$$

还有其他一些求解方法，如最小最大法、目标规划法、模糊满意度法，以及一些智能优化方法，在此不一一展开。

2.5　双层规划基本理论

1973 年，Bracken 和 McGill[138]首次提出了双层规划(BLP)问题的数学模型。BLP 问题是一个包括顶(上)层问题和底(下)层问题的二层递阶结构的系统优化问题。顶层决策者一般处于“主导”地位，首先可以通过给定其决策变量，指导底层决策者作出决策，但是不会直接干涉底层；其次，底层决策者以顶层决策给出的决策变量做参数，结合自身目标与约束，求解一定范围内的最优决策，并将所求最优结果反馈给顶层决策者；最后，顶层决策者根据底层决策者的最优决策，在可行的范围内寻找自身的最优决策。这样反复交互多轮，直到在可能的条件范围内寻得整体最优或者满意解。BLP 方法促使顶层决策者在追求自身目标最优的同时，考虑底层决策者可能的决策方案对其带来的不利影响[139,140]。不同于多目标规划通常寻求多个冲突目标的折中解，BLP 强调底层决策对顶层目标的影响以及上下层决策的交互作用，且通常不能上下层独立进行求解[141]。一般的 BLP 数学模型可以表示为[142]

$$\min_{x} F(x,\ y) \tag{2.29}$$

$$\text{s.t.}\ g(x,\ y)\leqslant 0 \tag{2.30}$$

对于一个给定的$(x,\ y)$，由下面问题求得

$$\min_{y} G(x,\ y) \tag{2.31}$$

$$\text{s.t.}\ h(x,\ y)\leqslant 0 \tag{2.32}$$

其中，$x\in R^{n_x}$，$y\in R^{n_y}$，x 是上层决策变量，y 是下层决策变量，n_x、n_y 分别是变量 x、y 的维数。F、G：$R^{n_x+n_y}\rightarrow R$，g：$R^{n_x+n_y}\rightarrow R^{n_U}$，$h$：$R^{n_x+n_y}\rightarrow R^{n_L}$，$n_U$、$n_L$ 分别为上下层规划问题的约束条件个数。

当前，BLP 在很多领域得到广泛应用，如交通规划和管理问题[143]、微电网合作建设与运营问题[144]、最后一公里物流配送问题[145]等。通过文献回顾可以发现，当前求解 BLP 问题用到的经典方法[139-150]主要分为以下几类：①传统优化算法，如极点搜索法（包括 K 次最好法与格搜索法）、K-T 法、分支定界法、下降方向法、互补旋转法、罚函数法、极大熵法、信赖域算法、内点法、割平面法、修正原始对偶法、近似分解法、逼近算法等。②智能优化算法，如遗传算法、粒子群算法、禁忌搜索算法、模拟退火算法等。③其他方法，如交互模糊求解法、神经网络法等。以上方法的具体步骤可参看文献[139-150]，在此不作展开。

由以上分析可以看出，BLP 在处理带有上下层交互影响的双层决策制定问题时应用极为广泛，而且大量算法的出现为求解此类问题提供了有力的保障。然而，不难发现，在带有协商交互的多属性反向采购拍卖中，也可以构建类似的双层规划模型，进行最优决策问题的分析求解。但是，将 BLP 应用到 OMARA 领域的研究文献相对较少，仅有的少量文献中，Cheng[38]构建了求解带有买方供应商协商的反向拍卖 BLP 模型，给出分布求解算法进行求解，并通过简单的算例对问题构建的模型进行简单验证。同年，Cheng 等[151]又提出了一种解决密封投标、多议题、多源逆向拍卖问题的方法。他们把该问题表述为一个 BLDP 模型，买方是上层的决策者，各供应商是下层的决策者，买卖双方均独立地作出决策，通过买方和供应商之间反复交换各自的决策信息，将谈判过程简化。他们使用遗传算法建立上层决策的最优数量分配；而在下层的决策过程中，收益管理的概念被用于协调定价和生产调度决策。他们进行了三组仿真实验，以评估所提解决方法的质量，并检查其在各种参数设置下的计算效率。综上所述，将双层规划理论应用于解决本书中研究的不确定情形下 OMARA 双方协商决策的优化制定问题，具有重要的理论与现实意义。

2.6 本章小结

本章首先介绍了拍卖的基本概念、类型、特征、基准模型、机制设计及多属性拍卖等基础知识；其次，介绍了模糊集理论中常见模糊表达形式的基本概念与有关的计算公式；再次，介绍了多属性决策基本理论的内涵与常见的多属性决策方法的基本思路；最后，简单介绍了多目标规划及双层规划基本模型与方法。本章的基础理论与方法概述为后续章节的相关研究奠定了基础。

| 第3章 |

基于模糊多属性决策理论的 OMARA赢者确定问题多阶段综合决策

在线多属性反向拍卖(OMARA)综合考虑了价格属性与诸多非价格属性，更符合现实情形，在大型项目招标、公共部门物资采购等诸多领域得到广泛应用。然而，在现实的 OMARA 中，决策制定者通常会面临不同程度的认知、环境等方面的不确定性，这将使基于精确性数值的传统拍卖赢者确定方法不能满足现实的需要。为此，本章从招标者(采购者)的角度出发，在不确定情形下，提出了一个新的综合决策方法框架：第一，将模糊集理论应用到 OMARA 赢者确定问题中，用于描述投标属性值存在的不确定性；第二，给出 OMARA 赢者确定问题模型与过程的详细描述；第三，通过将模糊层次分析法(F-AHP)与模糊偏差极大化法(F-DMM)相结合，求得竞标评价属性的综合属性权重；第四，综合应用模糊 TOPSIS(F-TOPSIS)、模糊 VIKOR(F-VIKOR)、模糊 ELECTRE Ⅱ(F-ELECTRE Ⅱ)、模糊 TODIM(F-TODIM)、模糊 PROMETHEE Ⅱ(F-PROMETHEE Ⅱ)五种 F-MADM 方法，并结合模糊集理论和简单的占优原则，对投标方案进行综合评价，确定最终的中标者(供应商)；第五，通过数值算例详细展示所提出的综合决策方法框架的实施过程，并通过相关对比分析进一步说明所提决策方法框架的可行性、有效性与可靠性。

3.1 引言

随着 B2B 电子商务的快速发展，越来越多的公司和企业通过网络在线销售或购买各种各样的商品和服务。OMARA 作为一种低成本、较便捷的交易方式[9]，日渐成为买卖双方进行商品交易的优选方式之一，被广泛应用于政府采购、工程招投标等诸多领域。与 OMARA 相关的理论研究也引起了学者们的广泛关注[17]。

OMARA 中使用的反向拍卖技术为在线采购提供了实时、交互式、动态、高效的投标环境，解决了传统采购过程中信息不足、不透明等问题，且能帮助线上采购商吸引更多优质的供应商参与投标[26]。与传统的采购方法相比，OMARA 可以有效降低采购成本。Bichler[13]、Chen-Ritzo C 等[152]分别利用实验经济学方法对多属性反向拍卖与传统单一价格反向拍卖进行比较研究，发现多属性反向拍卖能同时提高买卖双方的效用水平。由于多属性采购拍卖具有明显的优势及在线拍卖的便捷，OMARA 成为当前拍卖领域的一个研究热点。

本章主要研究 OMARA 在在线采购实践中的决策问题。供应商选择是采购拍卖与供应链管理的一个十分重要的环节[68]，也是一个对各种供应产品属性进行定性或定量评估的过程[69]。大量已有的文献表明，质量、价格、交货性能和售后服务是买方评估投标（供应商）的关键属性[36]，而供应商选择的有效性与评价属性确定与选择供应商的方法密切相关。选择到好的供应商，不仅可以改善企业的市场，还可以降低成本，提高最终产品的质量。Liao 和 Kao[59]研究发现，许多制造商甚至将 60%的营业收入用于采购原材料或零部件等产品。因此，最优供应商的选择对采购企业快速健康发展至关重要。

在当前复杂多变的市场环境中，许多因素的不确定性程度越来越高，许多采购拍卖参与者发现很难对竞标商品的所有属性值进行精确的数值型描述，而且买方对相关属性权重的主观判断也往往不能用精确数字表述[75]。因此，传统拍卖理论的许多理想假设在不确定的现实情形中将显得应对乏力。这些不确定性的存在使采购者很难直接获得属性权重及选择合适的竞标评估方法。为了更好地实施 OMARA，需要在投标属性值表达和供应商竞标评价中寻找新的方法。在描述不确定情形时，最近的研究倾向于使用模糊数[76,77]。本章选择传统的三角模糊数和语言变量来表征不确定情形下所购商品的属性值。进一步地，模糊集理论与多属性决策方法的结合，已广泛应用于供应商选择决策过程中的不确定性处理[78]。此外，属性权重的确定在评标过程中至关重要[37]。然而，传统的 MARA 方法大多是直接分配属性的权重，而不考虑不确定性情形带来的影响[14,16,62]。因此，在对属性值进行模糊描述的基础上，要引入F-AHP和F-DMM来确定属性的主客观综合权重。

中标者(供应商)确定的过程本质上可以说是一组竞标方案的评估排序问题，而每个竞标方案又常包含多个属性值信息。因此，MADM适合解决此类问题。现有的MADM文献中存在许多用于解决决策制定中排序问题的方法[17-36]，如AHP、LP、TOPSIS、ANP、PROMETHEE、VIKOR、ELECTRE、TODIM、MOORA、COPRAS、GRA等。然而，通过大量文献的比较分析可以发现，AHP、TOPSIS、VIKOR、TODIM、ELECTRE和PROMETHEE是最为常用的多属性决策方法，在诸多领域的多属性决策问题中被广泛应用[34-36]。

由于现实中存在各种不确定性，上述常见的决策方法相继被学者们拓展到了模糊环境下，先后出现了F-AHP、F-TOPSIS、F-VIKOR、F-TODIM、F-ELECTRE、F-ELECTRE Ⅰ、F-ELECTRE Ⅱ、F-PROMETHEE、F-PROMETHEE Ⅰ、F-PROMETHEE Ⅱ等模糊多属性决策方法。由第1.2.3小节关于多属性决策方法的文献综述可知上述各方法的优点。本章综合运用F-AHP、F-DMM、F-TOPSIS、F-VIKOR、F-ELECTRE Ⅱ、F-PROMETHEE Ⅱ、F-TODIM等方法，并结合简单占优准则，解决不确定情形下的OMARA赢者确定问题(OMARA-WDP)，提出一个新的综合决策方法框架，使拍卖最终的赢者确定结果更加合理、有效。

3.2 问题描述

假设有一个风险规避的采购商(招标者)通过在线反向拍卖方式采购一定数量的某种商品，有m个符合规定的供应商(投标人)参与投标。买家在发布采购信息的过程中，说明价格属性和一些非价格属性指标的基本要求。根据历史经验和行业专家的建议，买家从与其相关的属性列表中确定n个评标关键属性。考虑到市场风险和其他不确定性因素的存在，这里假定供应商的投标属性值可采用TFN或模糊语言术语进行描述。供应商根据自己的情况和买家的需求确定投标属性值，然后在线提交标书。根据本章提出的评价方法，买家对供应商的投标进行综合评价，选择最优的供应商。投标方案评价值最高的供应商中标，买家与中标供应商签订相关采购协议。至此，整个拍卖活动结束。在本章模型中，为了分析简便，假设供应商投标同一属性的表述方式相同，而且投标过程相互独立，不存在串谋及中标后违约等情况。本章使用以下多元组来描述 OMARA-WDP：

$$\text{OMARA-WDP} \triangleq \langle B, S, E, M, G, Q, \omega, \hat{\omega}, P\rangle \tag{3.1}$$

式(3.1)中，符号的具体含义如下：

B 表示发布 OMARA 信息的采购商(买方/招标者)。

S 是所有供应商(或其投标方案)的集合：$S=\{S_1, S_2, \cdots, S_m\}$，$i\in M$，$M=\{1, 2, \cdots, m\}$。其中，$S_i$ 表示供应商 i(或其投标方案)。

E 表示行业评估专家。

M 表示集合 S 中元素下标索引集。

G 是评标中所有关键属性的集合，表示为 $G=\{G_1, G_2, \cdots, G_n\}=G^B\cup G^C$，其中 G^B 和 G^C 分别表示成本类型属性的集合和收益类型属性的集合。

Q 是所有属性的下标索引集，由 $Q=\{j \mid j=1, 2, \cdots, n\}=Q_B\cup Q_C$ 表示，其中 Q_B 表示 G^B 的下标索引集，Q_C 表示 G^C 的下标索引集。

ω 表示由行业专家根据 F-AHP 方法评估出的每个属性的主观期望权重向量，可表示为 $\omega=\{\omega_1, \omega_2, \cdots, \omega_n\}$，其中 ω_j 表示对投标属性 j 的主观权重。

$\hat{\omega}$ 表示基于招标信息由 F-DMM 计算出的每个属性的客观权重向量，可表示为 $\hat{\omega}=\{\hat{\omega}_1, \hat{\omega}_2, \cdots, \hat{\omega}_n\}$，其中 $\hat{\omega}_j$ 表示投标属性 j 的客观权重。

P 表示由各供应商投标属性值组成的初始评价矩阵，记为 $P=[p_{ij}]_{m\times n}$，其中 p_{ij} 表示供应商 i 对于属性 j 在投标方案中的投标属性值。

3.3 综合的 OMARA-WDP 多阶段决策方法框架

本章主要研究不确定情形下采购商(买方/招标者)如何在 OMARA 中选择最优的投标人(中标供应商)。在收集到在线投标方案信息后，先要根据 F-AHP 和 F-DMM 方法确定买方要求的评价属性的综合权重，然后利用相关的评价方法进行投标方案评价排序。本章提出一种新的综合决策方法框架，用于 OMARA-WDP 的解决。

OMARA-WDP 的整个过程(如图 3.1 所示)可概括为三个阶段：第一阶段，采购商在网上发布采购信息，合格供应商在线提交投标。采购商在线收集供应商的投标信息。第二阶段，采购商基于专家意见和历史采购经验确定关键评价属性，并结合 F-AHP 和 F-DMM 方法计算综合的评价属性权重。第三阶段，采购商采用 F-TOPSIS、F-TODIM、F-VIKOR、F-ELECTRE II、F-PROMETHEE II 五种方法并结合占优原则，对投标方案进行评估，对供应商进行排名。

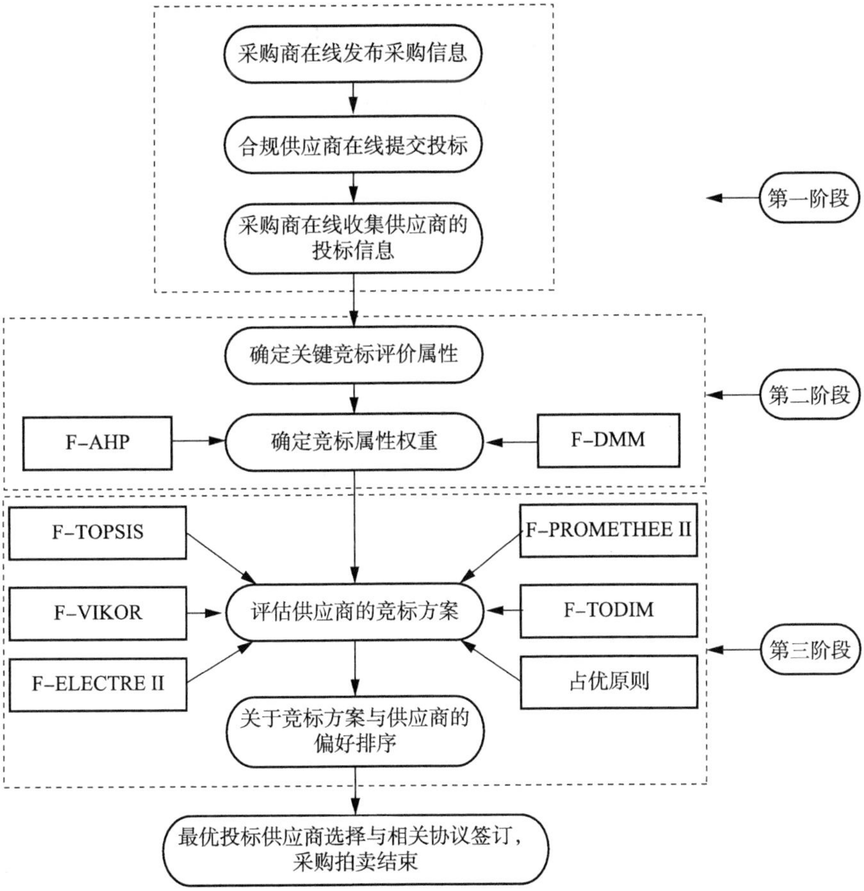

图 3.1　OMARA-WDP 及决策方法流程

下文详细介绍本章所提出的综合决策方法框架及其具体实施过程。

3.3.1 采购信息发布与投标收集

采购商在线发布逆向(采购)拍卖信息后，m 个投标者(供应商)在线提交他们的投标方案。采购商基于专家意见和历史采购经验确定用于评价购买商品的 n 个关键评价属性 G_1，G_2，…，G_n。据此，可以根据招标方案得到初始评估矩阵 $\tilde{P}$：

$$\tilde{P}=[\tilde{p}_{ij}]_{m\times n}=\begin{matrix} \\ S_1 \\ S_2 \\ \vdots \\ S_m \end{matrix}\begin{pmatrix} G_1 & G_2 & \cdots & G_n \\ \tilde{p}_{11} & \cdots & \cdots & \tilde{p}_{1n} \\ \tilde{p}_{21} & \ddots & \vdots & \vdots \\ \vdots & \vdots & \ddots & \vdots \\ \tilde{p}_{m1} & \cdots & \cdots & \tilde{p}_{mn} \end{pmatrix} \tag{3.2}$$

然后，规范化 $\tilde{P}$，得到规范化评价矩阵 $\tilde{P}'$：

$$\tilde{P}'=[\tilde{p}'_{ij}]_{m\times n}=\begin{matrix} \\ S_1 \\ S_2 \\ \vdots \\ S_m \end{matrix}\begin{pmatrix} G_1 & G_2 & \cdots & G_n \\ \tilde{p}'_{11} & \cdots & \cdots & \tilde{p}'_{1n} \\ \tilde{p}'_{21} & \ddots & \vdots & \vdots \\ \vdots & \vdots & \ddots & \vdots \\ \tilde{p}'_{m1} & \cdots & \cdots & \tilde{p}'_{mn} \end{pmatrix} \tag{3.3}$$

矩阵中的规范化元素 $\tilde{p}'_{ij}$ 可以由式(3.4)表示：

$$\tilde{p}'_{ij}=\begin{cases} \left[\dfrac{\tilde{p}^L_{ij}}{W_1},\ \dfrac{\tilde{p}^M_{ij}}{W_1},\ \dfrac{\tilde{p}^U_{ij}}{W_1}\right], & i\in M,\ j\in Q_B \\ \left[\dfrac{1}{\tilde{p}^U_{ij}W_2},\ \dfrac{1}{\tilde{p}^M_{ij}W_2},\ \dfrac{1}{\tilde{p}^L_{ij}W_2}\right], & i\in M,\ j\in Q_C \end{cases} \tag{3.4}$$

其中，$W_1=\sqrt{\sum_{i=1}^{M}[(\tilde{p}^L_{ij})^2+(\tilde{p}^M_{ij})^2+(\tilde{p}^U_{ij})^2]}$，

$W_2=\sqrt{\sum_{i=1}^{M}[(1/\tilde{p}^L_{ij})^2+(1/\tilde{p}^M_{ij})^2+(1/\tilde{p}^U_{ij})^2]}$，且 $\tilde{p}_{ij}$ 和 $\tilde{p}'_{ij}$ 均为 TFNs。

3.3.2　关键竞标评价属性的权重确定

为了评估竞标方案，采购商首先要确定所选竞标评价属性的权重。具体过程如下：

(1)评价属性的主观权重确定。

AHP 与其模糊拓展形式 F-AHP 是经典的决策制定方法，在确定属性权重方面使用广泛。受文献[52-54]的启示，结合本章研究的具体拍卖问题，本章采用 F-AHP 方法来确定竞标评价属性的主观权重。具体步骤如下：

第 1 步，采购商聘请一名业内采购专家对选定的重要评价属性进行评价。专家用模糊语言术语对投标评价属性的重要性进行两两比较。模糊语言术语可以被转换成相应的 TFNs(见表 3.1)。随后构建成对互反矩阵 A，其中对称位置的元素互为倒数。矩阵 A 的具体形式为

$$A=\begin{matrix} \\ G_1 \\ G_2 \\ \vdots \\ G_n \end{matrix}\begin{pmatrix} G_1 & G_2 & \cdots & G_n \\ \tilde{a}_{11} & \cdots & \cdots & \tilde{a}_{1n} \\ \tilde{a}_{21} & \ddots & \vdots & \vdots \\ \vdots & \vdots & \ddots & \vdots \\ \tilde{a}_{n1} & \cdots & \cdots & \tilde{a}_{nn} \end{pmatrix} \tag{3.5}$$

其中，$\tilde{a}_{ii}=1$，$\tilde{a}_{ij}=(\tilde{a}_{ji})^{-1}$，$\tilde{a}_{ij}\neq 0$。

第 2 步，可以按式(3.6)求出每个属性 j 的模糊比较值的几何平均值：

$$\tilde{r}_j=\left(\prod_{i=1}^{n}\tilde{a}_{ij}\right)^{1/n} \tag{3.6}$$

第 3 步，计算每个属性 j 的模糊权重值：

$$\widetilde{\omega}_j=\tilde{r}_j\times(\tilde{r}_1+\tilde{r}_2+\cdots+\tilde{r}_n)^{-1}=(\omega_j^L,\ \omega_j^M,\ \omega_j^U) \tag{3.7}$$

第 4 步，根据文献[55]，对上述模糊权重值进行去模糊化处理：

$$\omega_j'=\frac{1}{3}(\omega_j^L+\omega_j^M+\omega_j^U) \tag{3.8}$$

第 5 步，对 ω_j'进行归一化处理，从而获得规范化的权重 ω_j：

$$\omega_j = \frac{\omega'_j}{\sum_{j=1}^{n} \omega'_j} \tag{3.9}$$

表 3.1　模糊语言术语与对应的 TFN 及其互反 TFN[56]

尺度	模糊语言术语	TFN	互反的 TFN
1	同等重要	[1, 1, 1]	[1, 1, 1]
3	略为重要	[2, 3, 4]	[1/4, 1/3, 1/2]
5	相当重要	[4, 5, 6]	⋮
7	极度重要	[6, 7, 8]	⋮
9	绝对重要	[9, 9, 9]	[1/9, 1/9, 1/9]
2	……	[1, 2, 3]	⋮
4	两个邻接语言术语中间	[3, 4, 5]	⋮
6	的语言术语	[5, 6, 7]	[1/7, 1/6, 1/5]
8	……	[7, 8, 9]	[1/9, 1/8, 1/7]

(2)评价属性的客观权重确定。

采用 F-DMM，计算各评价属性的客观权重。该方法利用规范化后的投标信息(如标准化的评估矩阵$\tilde{P}'$)计算各评价属性的重要程度。评价属性的客观权重求解表达式为

$$\hat{\omega}_j = \frac{\sum_{i=1}^{m} \sum_{k=1}^{m} d(\tilde{p}_{ij}, \tilde{p}_{kj})}{\sum_{j=1}^{n} \sum_{i=1}^{m} \sum_{k=1}^{m} d(\tilde{p}_{ij}, \tilde{p}_{kj})} \tag{3.10}$$

其中，$d(\tilde{p}_{ij}, \tilde{p}_{kj})$的计算采用 Euclidean 距离。某属性下各投标属性值与其余投标属性值的偏差总和越大，该属性的权重分配就越大。

(3)评价属性的综合权重确定。

根据式(3.9)和式(3.10)确定的评价属性的主观权重和客观权重，可计算评价属性j的综合权重：

$$w_j = \lambda\omega_j + (1-\lambda)\hat{\omega}_j \tag{3.11}$$

其中，λ是偏好系数，不失一般性，为了计算简便，令$\lambda=0.5$。

3.3.3　利用 F-TOPSIS 方法进行竞标方案评价

TOPSIS 方法已经大量运用于 MADM 问题的解决，如供应商的评估和

选择[58]、地下水质量的性能评估[126]等。当评估信息具有不精确性或模糊不确定性时，F-TOPSIS 方法应运而生，并被广泛应用于不确定情形下供应商的选择[9]、群决策下的设施选址[127]等实际问题中。受相关文献启发，本节在不确定情形下，将 F-TOPSIS 方法引入 OMARA-WDP 的求解中。具体步骤如下：

第 1 步，基于在第 3.3.1 小节得到的规范化评价矩阵 $\tilde{P}'$ 和在第 3.3.2 小节获得的综合属性权重 w_j，可以得到加权规范化评价矩阵 $\tilde{V}$，其中 $\tilde{v}_{ij}$ 可由式(3.12)求出：

$$\tilde{v}_{ij}=w_j\times\tilde{p}'_{ij},\ i\in M,\ j\in Q. \tag{3.12}$$

第 2 步，确定正理想方案 A^+ 及负理想方案 A^-，分别为

$$\begin{aligned}A^+&=\{(\max_i \tilde{v}_{ij}\mid j\in Q_B),\ (\min_i \tilde{v}_{ij}\mid j\in Q_C)\parallel i\in M,\ j\in Q\}\\&=\{\tilde{v}_1^+,\ \tilde{v}_2^+,\ \cdots,\ \tilde{v}_n^+\}\end{aligned} \tag{3.13}$$

$$\begin{aligned}A^-&=\{(\min_i \tilde{v}_{ij}\mid j\in Q_B),\ (\max_i \tilde{v}_{ij}\mid j\in Q_C)\parallel i\in M,\ j\in Q\}\\&=\{\tilde{v}_1^-,\ \tilde{v}_2^-,\ \cdots,\ \tilde{v}_n^-\}\end{aligned} \tag{3.14}$$

第 3 步，利用欧氏距离公式分别计算每个投标方案与 A^+、A^- 的距离：

$$D_i^+=\sum_{j=1}^{n}\left(\sqrt{\frac{1}{3}[(v_{ij}^L-v_j^{+L})^2+(v_{ij}^M-v_j^{+M})^2+(v_{ij}^U-v_j^{+U})^2]}\right),\ i\in M \tag{3.15}$$

$$D_i^-=\sum_{j=1}^{n}\left(\sqrt{\frac{1}{3}[(v_{ij}^L-v_j^{-L})^2+(v_{ij}^{\ M}-v_j^{-M})^2+(v_{ij}^U-v_j^{-U})^2]}\right),\ i\in M \tag{3.16}$$

第 4 步，计算每个投标方案与 A^+ 的相对贴近度：

$$RC_i^+=\frac{D_i^+}{D_i^++D_i^-},\ i\in M \tag{3.17}$$

第 5 步，投标方案(或供应商)的优先级排序。

显然，最终所用投标方案按相对贴近度 RC_i^+ 的大小进行升序排列。

3.3.4　利用 F-TODIM 方法进行竞标方案评价

TODIM 方法及模糊拓展形式 F-TODIM 方法用方案的综合优势值来确

定最终的方案排序。此类方法已经广泛应用于解决不确定情形下的 MADM 问题，如海洋石油泄漏污染评估[102]、新产品项目评估[103]、绿色供应链评价[128]、失效模式的影响分析[129]等。借鉴上述文献的研究思路，本节利用 F-TODIM 方法来解决 OMARA-WDP 问题。具体步骤如下：

第 1 步，通过式(3.2)和式(3.3)分别得到初始评价矩阵$\tilde{P}$和规范化评价矩阵$\tilde{P}'$。

第 2 步，计算投标属性 G_j 相对于参考属性 G_r 的规范化权重：

$$w_{jr}=w_j/w_r,\ j,\ r\in Q;\ \text{where}\ w_r=\max\{w_j \mid j\in Q\} \tag{3.18}$$

第 3 步，相对于投标方案 S_k，计算投标方案 S_i 相对于属性 G_j 的优势度：

$$\Psi_j(S_i,\ S_k)=\begin{cases}\sqrt{defuzzy(\tilde{p}'_{ij}-\tilde{p}'_{kj})\cdot w_{jr}/\sum_{j=1}^{n} w_{jr}}, & \tilde{p}'_{ij}>\tilde{p}'_{kj}\\ 0, & \tilde{p}'_{ij}=\tilde{p}'_{kj}\\ -\dfrac{1}{\theta}\sqrt{defuzzy(\tilde{p}'_{kj}-\tilde{p}'_{ij})\cdot \sum_{j=1}^{n} w_{jr}/w_jr}, & \tilde{p}'_{ij}<\tilde{p}'_{kj}\end{cases} \tag{3.19}$$

其中，θ 是损失的衰减因子，为了计算简便，这里假定 θ 为 1。如果$\tilde{p}'_{ij}-\tilde{p}'_{kj}>0$，表示获益；如果$\tilde{p}'_{ij}-\tilde{p}'_{kj}=0$，则优势度为 0；如果$\tilde{p}'_{ij}-\tilde{p}'_{kj}<0$，表示损失。

第 4 步，相对于投标方案 S_k，计算投标方案 S_i 的总优势度：

$$\varphi(S_i,\ S_k)=\sum_{j=1}^{n}\Psi_j(S_i,\ S_k);\ i,\ k\in M,\ i\neq k \tag{3.20}$$

第 5 步，通过下述标准化过程，计算投标方案 S_i 对于其他所有方案的最终综合优势度 $\xi(S_i)$：

$$\xi(S_i)=\frac{\sum_{k=1}^{m}\varphi(S_i,\ S_k)-\min_{i\in M}\left\{\sum_{k=1}^{m}\varphi(S_i,\ S_k)\right\}}{\max_{i\in M}\left\{\sum_{k=1}^{m}\varphi(S_i,\ S_k)\right\}-\min_{i\in M}\left\{\sum_{k=1}^{m}\varphi(S_i,\ S_k)\right\}},\ i\in M \tag{3.21}$$

第 6 步，根据每个方案的最终综合优势度 $\xi(S_i)$，对投标方案(供应商)进行排序。最终综合优势度$\xi(S_i)$的值越大，说明投标方案 S_i 越好，对应的供应商即为最优的供应商。

3.3.5 利用 F-VIKOR 方法进行竞标方案评价

VIKOR 方法及其模糊拓展形式 F-VIKOR 方法常用于解决复杂系统中的 MCDM/MADM 问题。它们主要利用效用测度(H_i)和遗憾测度(R_i)来进行方案排序[131]。此类方法在供应商选择决策等领域得到广泛应用，如 Sanayei 等[104]和 Shemshadi 等[105]基于 F-VIKOR 方法提出了不同的决策方法。借助前人的研究方法，本节使用 F-VIKOR 方法来解决 OMARA-WDP 问题。

如 3.2 节所述，OMARA-WDP 中有 m 个供应商(或投标方案)，有 n 个评价属性。p'_{ij}为方案 S_i的第 j 个属性值，由 TFN 描述。首先，在模糊环境下，基于 L_p-测度，我们给定：

$$L_{pi} = \left\{ \sum_{j=1}^{n} \left[w_j \cdot defuzzy(\tilde{p}_j'^{+} - \tilde{p}'_{ij}) / defuzzy(\tilde{p}_j'^{+} - \tilde{p}_j'^{-}) \right]^p \right\}^{\frac{1}{p}}$$
$$1 \leqslant p \leqslant +\infty, \quad i \in M \tag{3.22}$$

用 F-VIKOR 方法解决 OMARA-WDP 问题的具体步骤如下：

第 1 步，通过式(3.2)和式(3.3)，得到初始和规范化的评价矩阵$\tilde{P}$和$\tilde{P}'$。

第 2 步，确定关于每个属性 G_j 的最大投标值$\tilde{p}_j'^{+}$和最小投标值$\tilde{p}_j'^{-}$。

$$\begin{cases} \tilde{p}_j'^{+} = \max\limits_i \tilde{p}'_{ij}, \ \tilde{p}_j'^{-} = \min\limits_i \tilde{p}'_{ij}, \ j \in Q_B \\ \tilde{p}_j'^{+} = \min\limits_i \tilde{p}'_{ij}, \ \tilde{p}_j'^{-} = \max\limits_i \tilde{p}'_{ij}, \ j \in Q_C \end{cases} \tag{3.23}$$

第 3 步，计算各投标方案 S_i 的群体效用度量 H_i 和个体遗憾度量 R_i，分别为

$$H_i = \sum_{j=1}^{n} w_j \cdot \left(\frac{defyzzy(\tilde{p}_j'^{+} - \tilde{p}'_{ij})}{defyzzy(\tilde{p}_j'^{+} - \tilde{p}_j'^{-})} \right) \tag{3.24}$$

$$R_i = \max_j \left\{ w_j \cdot \left(\frac{defuzzy(\tilde{p}_j'^{+} - \tilde{p}'_{ij})}{defuzzy(\tilde{p}_j'^{+} - \tilde{p}_j'^{-})} \right) \right\} \tag{3.25}$$

其中，w_j 为第 3.3.2 小节得到的评价属性的综合权重(这里测度取 L_1-

测度)。

第 4 步，计算各方案的综合指数 δ_i:

$$\delta_i=\alpha\frac{(H_i-H^-)}{(H^*-H^-)}+(1-\alpha)\frac{(R_i-R^-)}{(R^*-R^-)} \tag{3.26}$$

其中，$H^*=\max_i H_i$，$H^-=\min_i H_i$，$R^*=\max_i R_i$，$R^-=\min_i R_i$；$\alpha\in[0, 1]$是策略权重，$\alpha>0.5$ 表示偏好根据最大化群体效用作出决策，$\alpha<0.5$ 意味着偏好根据最小化个人遗憾来作出决策(本章假定 $\alpha=0.5$)。

第 5 步，对投标方案进行优选排序。

δ_i 价值越小，对应的竞标方案 S_i 越好。确定综合指标值最小的供应商为最优选择。Ilangkumaran 和 Kumaran[131]研究还发现，在某些情况下，可能出现折中的方案，因此需要根据优势性条件和稳定性条件进行进一步的判别。

3.3.6 利用 F-PROMETHEE Ⅱ 方法进行竞标方案评价

PROMETHEE 方法是一种基于偏好函数的超排序方法，适合在决策者需要根据多个复杂的属性选择最优方案时对方案进行综合评价。PROMETHEE 方法有两种常用的形式：PROMETHEE Ⅰ 是方案的偏序排列；PROMETHEE Ⅱ 是方案的完全排序。PROMETHEE 方法已广泛应用于供应商选择、供应链管理、制造与装配等[64]。该方法的模糊拓展 F-PROMETHEE 已经应用于许多实际问题中。例如，Yilmaz 等[92]综合采用 F-PROMETHEE 方法和目标规划技术进行设备的选择。本节采用 F-PROMETHEE Ⅱ 方法获取竞标方案的完全排序，解决 OMARA-WDP 问题。具体步骤如下:

第 1 步，通过式(3.2)和式(3.3)，得到初始和规范化的评价矩阵 $\tilde{P}$ 和 $\tilde{P}'$。

第 2 步，对任意两个投标方案关于每个评价属性的投标值进行两两比较，确定它们之间的偏差值:

$$d_j(S_a,\ S_b)=defuzzy(\tilde{p}'_{aj}-\tilde{p}'_{bj}),\ a\neq b,\ a,\ b\in M,\ j\in Q \tag{3.27}$$

其中，$(S_a,\ S_b)$是任意一对竞标方案，$defuzzy(\cdot)$表示一个 TFN 的去

模糊化结果。

第3步，根据各投标属性对应的偏好函数，求出前一投标方案相对于后一投标方案关于某一特定属性 j 的偏好度[45]：

$$\gamma_j(S_a,\ S_b)=F_j[d_j(S_a,\ S_b)]=\begin{cases}0, & \tilde{p}'_{aj}\leqslant\tilde{p}'_{bj}\\ d_j(S_a,\ S_b), & \tilde{p}'_{aj}>\tilde{p}'_{bj}\end{cases},\ a\neq b,\ a,\ b\in M,\ j\in Q \tag{3.28}$$

第4步，根据偏好度和相应的属性权重，求出任意一对投标备选方案的全局偏好指数：

$$\pi(S_a,\ S_b)=\sum_{j=1}^{n}\gamma_j(S_a,\ S_b)\times w_j,\ \forall a,\ b\in M \tag{3.29}$$

第5步，找出关于每个竞标方案的正向与负向优先流：

$$\varphi^+(S_a)=\frac{1}{m-1}\sum_{x\in M}\pi(S_a,\ S_x),\ \forall a\in M,\ x\neq a \tag{3.30}$$

$$\varphi^-(S_a)=\frac{1}{m-1}\sum_{x\in M}\pi(S_x,\ S_a),\ \forall a\in M,\ x\neq a \tag{3.31}$$

第6步，找出每个竞标方案的净优先流 $\varphi(S_a)$，然后根据 $\varphi(S_a)$ 进行方案(供应商)排序。

$$\varphi(S_a)=\varphi^+(S_a)-\varphi^-(S_a). \tag{3.32}$$

这里，$\varphi(S_a)$ 的值越大，方案 S_a 越好。

3.3.7　利用 F-ELECTRE Ⅱ 方法进行竞标方案评价

ELECTRE 方法及其模糊拓展 F-ELECTRE 方法能反映决策者偏好部分优先级，广泛应用于解决多准则决策问题。例如，Sevkli[107] 将 F-ELECTRE Ⅱ 方法用于供应商的选择；Liao 等[108] 基于 F-ELECTRE Ⅱ 提出了在犹豫模糊环境下解决 MCDM 问题的两个新方法；Mei 和 Xie[134] 采用 ELECTRE 方法设计了一个应用于地铁站紧急情况评估的评价策略。在已有研究文献的启发下，本节采用 F-ELECTRE Ⅱ 方法来解决本章提出的 OMARA-WDP 问题，即竞标方案的排序。具体步骤如下：

第1步，通过式(3.2)和式(3.3)，得到初始和规范化的评价矩阵 $\tilde{P}$ 和 $\tilde{P}'$。

第 2 步，构建加权标准化评价矩阵$\tilde{V}$，过程与式(3.12)一致。

第 3 步，确定一致指数集 C_{xy}和不一致指标集 D_{xy}：

$$C_{xy}=\{j \mid \tilde{v}'_{xj}>\tilde{v}'_{yj}\} \tag{3.33}$$

$$D_{xy}=\{j \mid \tilde{v}'_{xj}<\tilde{v}'_{yj}\} \tag{3.34}$$

其中，x 和 y 代表任意一对竞标方案的指标。

第 4 步，基于买方对招标方案的偏好计算一致度 c_{xy}：

$$c_{xy}=\sum_{j\in C_{xy}} w_j \tag{3.35}$$

第 5 步，构建一致性指标矩阵 C：

$$C=\begin{bmatrix} - & c_{12} & \cdots & c_{1m} \\ c_{21} & - & \vdots & c_{2m} \\ \vdots & \vdots & - & \vdots \\ c_{m1} & c_{m2} & \cdots & - \end{bmatrix} \tag{3.36}$$

第 6 步，计算不一致度 d_{xy}：

$$d_{xy}=\frac{\max\limits_{j\in D_{xy}}\{\mid defuzzy(\tilde{v}'_{xj}-\tilde{v}'_{yj})\mid\}}{\max\limits_{\substack{j\in Q,\\ a,\ b\in M}}\{\mid defuzzy(\tilde{v}'_{aj}-\tilde{v}'_{bj})\mid\}} \tag{3.37}$$

第 7 步，构建不一致性指标矩阵 D：

$$D=\begin{bmatrix} - & d_{12} & \cdots & d_{1m} \\ d_{21} & - & \vdots & d_{2m} \\ \vdots & \vdots & - & \vdots \\ d_{m1} & d_{m2} & \cdots & - \end{bmatrix} \tag{3.38}$$

第 8 步，基于一致性指标矩阵 C 形成一致布尔矩阵 E：

$$E=\begin{bmatrix} - & e_{12} & \cdots & e_{1m} \\ e_{21} & - & \vdots & e_{2m} \\ \vdots & \vdots & - & \vdots \\ e_{m1} & e_{m2} & \cdots & - \end{bmatrix} \tag{3.39}$$

其中，
$$\begin{cases} e_{xy}=0,\ c_{xy}<\tilde{c} \\ e_{xy}=1,\ c_{xy}\geqslant\tilde{c} \end{cases}$$

这里的$\tilde{c}$是关键临界值，由平均一致性水平求得，计算公式为

$$\tilde{c} = \sum_{x=1}^{m} \sum_{y=1}^{m} \frac{c_{xy}}{m(m-1)} \tag{3.40}$$

第 9 步，基于不一致性指标矩阵 D 形成不一致布尔矩阵 F：

$$F = \begin{bmatrix} - & f_{12} & \cdots & f_{1m} \\ f_{21} & - & \vdots & f_{2m} \\ \vdots & \vdots & - & \vdots \\ f_{m1} & f_{m2} & \cdots & - \end{bmatrix} \tag{3.41}$$

其中，
$$\begin{cases} f_{xy}=0, & d_{xy}<\bar{d} \\ f_{xy}=1, & d_{xy}\geqslant\bar{d} \end{cases}$$

此处$\bar{d}$是关键临界值，由平均不一致性水平求得，计算式为

$$\bar{d} = \sum_{x=1}^{m} \sum_{y=1}^{m} \frac{d_{xy}}{m(m-1)} \tag{3.42}$$

第 10 步，构建全局综合布尔矩阵 U：

$$U = \begin{bmatrix} - & u_{12} & \cdots & u_{1m} \\ u_{21} & - & \vdots & u_{2m} \\ \vdots & \vdots & - & \vdots \\ u_{m1} & u_{m2} & \cdots & - \end{bmatrix} \tag{3.43}$$

其中，$u_{ab}=e_{ab}\times f_{ab}$。

第 11 步，基于每个竞标方案的聚合优越值 σ_i 进行竞标方案排序。

$$\sigma_i = \sum_{i'=1}^{m} u_{ii'} \tag{3.44}$$

σ_i 的值越大，竞标方案 S_i 越好。

3.3.8　赢者确定

虽然 F-TOPSIS、F-VIKOR、F-ELECTRE Ⅱ、F-TODIM、F-PROMETHEE Ⅱ 这五种常用的 F-MADM 方法各有优势(见第 1.2.3 小节)，但在解决不确定

情形下的 OMARA-WDP 问题时，排序结果可能会出现不一致现象，很难确定哪一种方法最优。如果只选择其中一种 F-MADM 方法，容易使拍卖者(采购者)在面对不确定风险时出现决策失误。基于以上考虑，借鉴简单占优原则的思想[30]，对前述五种不同 F-MADM 方法得到的排序结果进行综合与集成，然后根据相对的综合排序优势度，确定最优竞价方案(或供应商)。通过上述赢者确定流程，拍卖者可得到更合理的排序结果，降低决策失误的风险。

3.4 数值算例

为了说明本章所提出决策方法架构的有效性，本节通过一个在线采购拍卖的算例进行详细展示。

现假设某生产加工企业(采购商)计划通过在线反向拍卖方法采购一定数量的相关原材料，通过第三方拍卖网站在线发布相关招标信息。采购商对采购产品的要求进行了简单描述。在规定的时间内，有 5 家供应商参与网上竞标。这里假设供应商均为初选合格的供应商，而且独立进行在线投标，彼此之间不存在串谋现象。

为选择最佳投标方案而选择的评价属性是基于已有文献[69，91，92，113]、历史经验和专家建议而综合得出的。采购商最终确定了四个关键评标属性，分别记为 G_1、G_2、G_3 和 G_4，其具体含义及描述如下：

G_1：产品价格。产品价格是指产品的采购单价(以 $ 为单位)，直接影响采购商的采购计划，在供应商的评估问题中经常用到。由于市场环境的不确定，产品的价格常会出现波动，可用 TFN 来描述。

G_2：产品质量。产品质量是供应商评价的核心属性之一。文献[98]中统计的相关论文中有近 88%在供应商评价和选择中强调了质量属性。产品质量好坏不易用数字描述，用模糊语言来描述更为合理，如“非常低、低、中等、高、非常高”。

G_3：产品交货延迟时间。交货延迟时间(以天为单位)对任何食品原料采购企业来说都是至关重要的。由文献[34]和[98]可知，大约 82%的论文在供应商选择评价中提到了"交货延迟时间"属性。随着运输环境及其他方面存在的不确定性，交付延迟时间也会存在波动，因此可用 TFN 来表述。

G_4：产品售后服务水平。好的售后服务是采购商和供应商关系长期稳定的有力保证，且有助于提高供应商投标获胜的概率。与产品质量属性类似，它适宜用模糊语言来描述，如"非常差、差、中等、好、很好"。

在上述四个评价属性中，G_1 和 G_3 属于成本型属性，越小越好；G_2 和 G_4 属于收益型属性，越大越好。在确定了竞标评价属性后，按照图 3.1 所介绍的决策方法框架进行竞标方案的评价和排序，可确定最终的获胜者（中标者）。

3.4.1　投标信息收集

在采购商发布网上购买拍卖信息后，合格的供应商会参与在线竞标。采购商随后收集所有供应商的招标选择信息，构建初始评价矩阵，见表 3.2；经规范化处理得到的评估矩阵，见表 3.3（为了简明化，矩阵以表格形式表示）。

表 3.2　初始评价矩阵 $\tilde{P}$

	G_1	G_2	G_3	G_4
S_1	[8, 9, 10]	高/[0.5, 0.75, 1]	[1, 2, 3]	好/[0.5, 0.75, 1]
S_2	[6, 7, 8]	中等/[0.25, 0.5, 0.75]	[1, 2, 4]	一般/[0.25, 0.5, 0.75]
S_3	[6, 8, 10]	高/[0.5, 0.75, 1]	[2, 3, 4]	非常好/[0.75, 1, 1]
S_4	[9, 10, 11]	高/[0.5, 0.75, 1]	[2, 3, 4]	好/[0.5, 0.75, 1]
S_5	[6, 7, 8]	中等/[0.25, 0.5, 0.75]	[1, 2, 3]	好/[0.5, 0.75, 1]

表 3.3　规范化评价矩阵 $\tilde{P}'$

$\tilde{P}'$	G_1	G_2	G_3	G_4
S_1	[0.2002, 0.2224, 0.2502]	[0.1865, 0.2798, 0.3730]	[0.1509, 0.2263, 0.4526]	[0.1678, 0.2518, 0.3357]
S_2	[0.2502, 0.2859, 0.3336]	[0.0933, 0.1865, 0.2798]	[0.1131, 0.2263, 0.4526]	[0.0839, 0.1678, 0.2518]
S_3	[0.2002, 0.2502, 0.3336]	[0.1865, 0.2798, 0.3730]	[0.1131, 0.1509, 0.2263]	[0.2518, 0.3357, 0.3357]
S_4	[0.1820, 0.2002, 0.2224]	[0.1865, 0.2798, 0.3730]	[0.1131, 0.1509, 0.2263]	[0.1678, 0.2518, 0.3357]
S_5	[0.2502, 0.2859, 0.3336]	[0.0933, 0.1865, 0.2798]	[0.1509, 0.2263, 0.4526]	[0.1678, 0.2518, 0.3357]

3.4.2　确定竞标评价属性的综合权重

基于第 3.2 小节的问题描述，采购商聘请了一个行业采购专家，该专家通过对关键评价属性进行两两比较构建了一个成对对比互反矩阵 A，具体结果见表 3.4。各竞标评价属性的综合权重由 F-AHP（主观）和 F-DMM（客观）方法共同决定，具体结果见表 3.5。

表 3.4　成对对比互反矩阵 A

	G_1	G_2	G_3	G_4
G_1	[1, 1, 1]	[1/3, 1/2, 1]	[3, 4, 5]	[2, 3, 4]
G_2	[1, 2, 3]	[1, 1, 1]	[4, 5, 6]	[3, 4, 5]
G_3	[1/5, 1/4, 1/3]	[1/6, 1/5, 1/4]	[1, 1, 1]	[1/3, 1/2, 1]
G_4	[1/4, 1/3, 1/2]	[1/5, 1/4, 1/3]	[1, 2, 3]	[1, 1, 1]

表 3.5　竞标评价属性的主观、客观及综合权重

	ω_j	$\hat{\omega}_j$	w_j
G_1	0.3147	0.2064	0.2605
G_2	0.4783	0.2177	0.3480

续表

	ω_j	$\hat{\omega}_j$	w_j
G_3	0.0810	0.3413	0.2112
G_4	0.1260	0.2346	0.1803

3.4.3　竞标方案排序及中标供应商确定

采用上述不同决策方法，可得到投标方案（供应商）的五个排序结果（计算结果见附录 A 至附录 E）。然后，结合简单占优原则确定供应商的最终偏好排序，见表 3.6。

表 3.6　针对竞标方案（或供应商）的偏好排序

决策方法	对应的竞标方案排序	S_i	最终的竞标方案排序
F-TOPSIS	$S_1 > S_3 > S_5 > S_2 > S_4$	S_1	1
F-TODIM	$S_5 > S_1 > S_3 > S_2 > S_4$	S_2	4
F-VIKOR	$S_1 \cong S_3 > S_4 > S_5 > S_2$	S_3	2
F-PROMETHEE II	$S_1 > S_3 > S_5 > S_4 > S_2$	S_4	5
F-ELECTRE II	$S_3 > S_1 > S_5 > S_2 \cong S_4$	S_5	3

从表 3.6 中可以看出，五种方法得到的偏好排序存在不同程度的差异。其中，F-TOPSIS 方法得到的排序与 F-PROMOTHEE II 方法的类似，均得到 S_1 为最终获胜供应商。然而，F-TODIM 方法得到的排序结果与其他方法差别较大——将 S_5 确定为最终获胜供应商。与此同时，F-ELECTRE II 方法得到的排序结果与 F-TOPSIS 方法接近，但获胜供应商不一样，很难确定 S_4 和 S_2 哪个是最优供应商。F-VIKOR 方法所得到的排序结果与 F-TOPSIS 和 F-PROMOTHEE II 方法存在差异。F-VIKOR 方法不能确定 S_1 和 S_3 谁是最优供应商。

可见，采用不同的模糊决策方法会产生不同的竞标方案排序结果。尽管从效果上看，F-TODIM、F-VIKOR 及 F-ELECTRE II 方法在解决特定的赢家确定问题时比 F-PROMETHEE II 和 F-TOPSIS 方法稍差一些，但在日益复杂的不确定情形下，很难确定哪种方法的结果是最好的。这也说明在解决本章给出的 OMARA-WDP 问题时，仅使用上述方法中的一种，可能产生错误的决策结果，造成不必要的损失，对后续章节研究的在线多源反向（采购）拍卖的影响可能会更大。因此，本章的赢者确定综合决策方法综合运用了上述五种较为常用的 F-MADM 方法，并结合 F-AHP、F-DMM 以及模糊集理论来评估竞标方案，进而确定最优投标（供应商）（本章算例中确定为 S_1）。从算例上看，所提出的综合决策框架是合理的，具有一定的可行性和实用性，适用于解决不确定情形下的 OMARA 赢者确定问题。

3.5 比较与分析

3.5.1 相关方法的应用文献对比

与本章的研究方法类似，Anojkumar 等[99]将 F-AHP 与 TOPSIS、VIKOR、ELECTRE、PROMETHEE 方法结合进行制糖行业中管材的选择。但是，本章的研究与其相比存在以下不同及改进的地方：①研究的应用领域不同。将 F-MADM 方法应用于拍卖领域。②属性权重的确定采用了不同的 F-AHP 过程。本书的求解过程更加直观，并且结合 F-DMM，得到了更符合实际情形的综合权重。③提供了在 OMARA 背景下 TOPSIS、VIKOR、ELECTRE、PROMETHEE 等方法的模糊扩展形式，并加入了 F-TODIM，以更好地处理面对的模糊环境下的反向拍卖问题。然而，在文献[99]中，上述四种方法的原始形式被直接列出，并没给出对应的模糊改进形式。④在提出的决策方法框架中，投标信息在使用模糊 MADM 方法进行排序之前，先采用一种新的标准化方法进行处理，使得计算结果更加精确。⑤在文献[99]得到的结论中，VIKOR 方法是制糖行业管材选择的最佳方法，但在本书的反向拍卖算例中，使用 F-VIKOR 方法得到的结果却不是最好的（在单一赢家情况下），因为 F-VIKOR 不能确定最佳的投标方案（获胜供应商）。可见，不同的方法在不同行业使用的效果不尽相同。⑥本书的决策方法框架不仅比较了五种 F-MADM 方法的决策效果，还对它们的不同决策结果进行了整合，得到综合的竞标方案排序结果，从而提高了 OMARA-WDP 决策结果的可靠性，有效降低了采购者决策失误的风险。

3.5.2　不同方法的决策结果对比

为了进一步说明该决策方法框架的有效性，本节引入了一种基于传统多属性拍卖中常用的简单加权法（SWM）[121] 的模糊改进型得分函数法（F-SWM），并用该方法来求解 3.4 小节的算例。两种方法得到的竞标方案的排序结果对比见表 3.7。

表 3.7　本章方法与 F-SWM 方法所得排序结果对比

方法	竞标方案（供应商）的排序结果
F-SWM	$S_1 > S_3 > S_4 > S_5 > S_2$
本章方法	$S_1 > S_3 > S_5 > S_2 > S_4$

从表 3.7 的排序结果对比可以看出，这两种方法得到了相同的获胜供应商，但是具体排序存在差异。本章的结果比 F-SWM 方法的结果更可靠，因为 F-SWM 方法没有考虑购买者心理行为及其他因素的综合影响，而且本章的决策方法在解决多源 OMARA 赢者确定问题时的优势将会更加明显。

3.6　本章小结

当前，OMARA 已被广泛应用于经济、社会的诸多领域。对采购者（招标者）来说，OMARA 过程中最关键的一步就是选择一个好的决策方法来解决赢者（中标者）确定问题。由于在复杂、动态多变的市场环境下，OMARA 实践中存在着各种复杂的不确定性，许多竞标属性由于不确定性的存在而不宜用精确的数字进行描述，这就使得先前的 OMARA 赢者确定方法需要改进和完善才能满足现实的需要。为此，本章提出了一种合理有效的处理复杂不确定情形下 OMARA 决策制定问题的综合方法框架：首先，引入传统模糊数和模糊语义术语，刻画投标属性信息中存在的客观不确定性和主观不确定成分。其次，利用 F-AHP 与 F-DMM 方法确定各评价属性的综合权重。

最后，综合运用五种不同的F-MADM方法进行投标方案评价排序，并结合简单占优原则确定最终获胜的投标方案(或中标者)。

从本章的数值算例结果可以看出，采用不同F-MADM方法的排序结果存在不同程度的差异，所以需要一个更加合理有效的综合F-MADM方法来确定最优投标方案(或中标者)。本章提出的新的综合决策方法框架能较好地处理不确定情形下的OMARA-WDP问题，拓展了反向拍卖理论中已有的研究方法，为今后的OMARA实践提供了新的决策参考。本章提出的决策方法框架也适用于人事选聘、过程选择等管理决策问题。

| 第4章 |

基于前景理论的混合不确定情形下 OMARA赢者确定方法

在复杂的市场环境下，OMARA 中的投标者在竞标属性信息表达方面常常存在不同程度的不确定性，而且这些不确定性常存在多种不同的模糊表述形式，这将增加采购方的风险预期和竞胜供应商确定的难度。本书第 3 章研究了基于模糊多属性决策理论的多阶段综合决策方法来解决存在两种投标属性值模糊表述方式的 OMARA-WDP 问题，但尚未考虑采购者面对风险得失时不同的偏好态度对其最终决策的影响。很多文献研究表明，得失风险的偏好态度会对决策结果产生明显的影响[53-58,61,65]。此外，第 3 章对其他类型投标属性值表述方式并存情形下的赢者确定方法尚未进行深入研究。基于对以上问题的考虑，本章继续从采购者角度出发，引入综合心理学与行为科学的前景理论，并结合不确定性分析与优化领域的模糊集理论，研究同时存在精确数、区间数、三角模糊数、梯形模糊数和语义模糊术语五种竞标属性值描述方式的 OMARA-WDP 问题，试图提出一种新的、更具一般性的混合不确定情形下的 OMARA 赢者确定方法，并在最后通过数值算例、比较分析及敏感性分析来验证所提方法的合理性、有效性与稳健性。

4.1　引言

OMARA 在当今的政府采购、工程招标等领域已经广泛应用[1-3,17-20]，其对经济社会发展带来的促进作用日益增强。目前，OMARA 主要从博弈论和决策论两个方向进行具体问题的建模和分析[20]。前者主要基于经典经济学理论和不完全信息博弈理论研究买卖双方的均衡策略分析，得到最优拍卖机制[21,22]；后者多以 MADM 经典方法为指导进行采购品属性设置及最终竞胜者的确定。本章主要从决策论角度研究采购方关于竞标供应商的赢者确定问题(WDP)。

当前，关于不确定情形下多属性采购中供应商选择决策的相关研究主要有以下几种：仅考虑单一属性值表述方式的，如文献[23，24]主要研究属性值用三角模糊数表述情形；研究存在多种属性表述方式的，如文献[25]研究了同时存在精确数、区间数、三角模糊数三种表述方式的情形，文献[44，45]研究了同时存在精确数、区间数与语义术语三种表述方式的情形。然而，同时存在精确数、区间数、三角模糊数、梯形模糊数、语义模糊术语五种描述方式的混合不确定情形下的多属性反向拍卖赢者确定问题的研究目前尚缺。为了拓展和完善相关研究结果，本章引入上述五种描述方式对多属性反向(采购)拍卖的相关属性进行刻画；同时，考虑到采购者的风险态度影响，引入前景理论[53-57]，构建了一种新的基于模糊集理论与前景理论的混合不确定情形下的 OMARA 竞胜供应商确定方法。该方法相较于前述文献中的方法，更具一般性和适用性，而且在实际运用中简单易行。最后，结合 OMARA 的具体算例进行方法演示分析，并与之前的研究结果进行比较，验证了本章所提方法的可行性和有效性；同时，进行了相关的稳健性分析，进一步凸显了本书提出的赢者确定方法的可靠性。

本章用到的区间数、三角模糊数、梯形模糊数、语言模糊术语集的基本定义及相关的距离定义和运算规则等见第 2. 2 小节。下面对前景理论有关知识进行概述。

4. 2 前景理论概述

在实际采购环境中，存在着各种信息的不确定性，可能会给采购方的决策带来一些潜在风险，而采购方进行风险决策时面对得失往往会表现出不同的风险偏好。本章引入 Tversky 和 Kahneman[41] 于 1979 年提出的前景理论，以较好地处理采购者面对复杂不确定情形时的风险决策制定问题。

前景理论主要根据综合前景价值的大小来确定决策方案的优劣排序，

而综合前景价值主要由前景价值函数 $v(x)$ 和概率权重函数 $\omega(p)$ 共同确定。综合前景价值函数的表达式为

$$U = \sum \omega(p) \cdot v(x) \tag{4.1}$$

4.2.1　前景价值函数

前景价值函数主要用于描述相关的属性值相对于参考点的损失和增益情况，具体表达式为

$$v(x)=\begin{cases}(\Delta x)^{\alpha}, & \Delta x \geqslant 0 \\ -\theta(-\Delta x)^{\beta}, & \Delta x<0\end{cases} \tag{4.2}$$

其中，Δx 表示属性值 x 与参考点的差值，$\Delta x>0$ 表示收益，$\Delta x<0$ 表示损失；$0<\alpha$、$\beta<1$，分别表示在收益与损失部分价值函数的凹凸程度；$\theta>1$ 表示损失规避系数，表明决策者对损失更加敏感。当 $\alpha=\beta=\theta=1$ 时，价值函数退化为一般的线性效用函数，即 $v(x)=x$，它无法充分体现决策者风险态度对其效用的影响。根据文献[41]的研究结果，本章沿用其 $\alpha=\beta=0.88$、$\theta=2.25$ 的设置。

4.2.2　概率权重函数

设 $\omega(p)$ 是概率权重函数，也称为主观概率，其表达形式可分为以下两种情形：

$$\omega^{+}(p)=\frac{p^{\gamma}}{\left[p^{\gamma}+(1-p)^{\gamma}\right]^{\frac{1}{\gamma}}} \tag{4.3}$$

$$\omega^{-}(p)=\frac{p^{\delta}}{\left[p^{\delta}+(1-p)^{\delta}\right]^{\frac{1}{\delta}}} \tag{4.4}$$

Kahneman 和 Tversky[42]通过实验研究得到 $\gamma=0.61$，$\delta=0.69$，也有学者研究得到略微不同的参数取值[44]，但总体上由于两者相差很小[46]，为了便于后续计算，许多文献中假设 $\omega^{+}(p)=\omega^{-}(p)=\omega(p)$。本章为了简化计算，进一步假定 $\omega(p)$ 为后文计算求得的竞标属性权重 ω。

4.3 问题描述

在本章的问题模型中，假设存在一个风险规避的采购商以在线反向拍卖方式采购一定数量的某种商品，存在 m 个兴趣供应商参与网上竞标。采购商在发布采购招标信息时说明了商品的价格属性指标和若干非价格属性指标，以及对供应商信誉属性等方面的基本要求(假定总共评价属性个数为 n)。供应商根据自身情况及采购者需求确定各项属性值，并提交标书参与竞标。最后，采购者根据设定的评价标准对供应商进行评价和筛选，评价值最高者最终胜出，采购者会与胜出的供应商签订采购协议。可用以下多元组来描述整个 OMARA-WDP：

$$\text{OMARA-WDP} \triangleq <\bar{B}, S, M, G, J, \omega, P, B, \bar{R}, E, V, U> \quad (4.5)$$

符号的含义如下：

$\bar{B}$ 表示采购商。本章假定只有 1 个采购商，他通过在线拍卖方式进行采购商品相关信息的发布。

S 表示供应商投标方案的集合，即 $S=\{S_1, S_2, \cdots, S_m\}$，$S_i$ 表示第 i 个供应商的投标方案，$i \in M$，$M=\{1, 2, \cdots, m\}$。

G 表示采购商提出的全部属性的集合，不同属性可以由不同形式表示。G 可以表示为如下形式：$G=\{G_1, G_2, \cdots, G_n\}=G^N \cup G^I \cup G^{Tri} \cup G^{Tra} \cup G^L = G^B \cup G^C$。其中，$G^N$ 表示属性用精确数表示的属性集合，G^I 表示属性用区间数表示的属性集合，G^{Tri} 表示属性用三角模糊数表示的属性集合，G^{Tra} 表示属性用梯形模糊数表示的属性集合，G^L 表示属性用语义模糊术语表示的属性集合，G^B 表示成本型属性的集合，G^C 表示效益型属性的集合。

J 表示属性的指标集，可表示为 $J=\{1, 2, \cdots, n\}=Q_N \cup Q_I \cup Q_{Tri} \cup Q_{Tra} \cup Q_L = Q_B \cup Q_C$。其中，$Q_N$ 代表集合 G^N 的指标集，Q_I 代表集合 G^I 的指标集，Q_{Tri} 代表集合 G^{Tri} 的指标集，Q_{Tra} 代表集合 G^{Tra} 的指标集，Q_L 代表集合 G^L 的指标集，Q_B 代表集合 G^B 的指标集，Q_C 代表集合 G^C 的指标集。

ω 表示采购商对各属性的预期权重向量，且 $\omega=\{\omega_1, \omega_2, \cdots, \omega_n\}$，

ω_j 表示第 j 个属性的权重。

P 表示所有供应商提交的竞标属性值构成的评价矩阵，记 $P=[p_{ij}]_{m\times n}$。其中，p_{ij}表示供应商 i 的投标对第 j 个属性的评估值。

B 表示规范化后的评价矩阵，记 $B=[b_{ij}]_{m\times n}$。其中，b_{ij}表示供应商 i 的投标对第 j 个属性的评估值。

$\bar{R}$ 表示采购商给出的评价值参考点向量，记 $\bar{R}=(r_1, r_2, \cdots, r_n)$。其中，$r_j$ 表示对第 j 个属性的参考值。

E 表示规范化后的评价值参考点向量，记 $E=(e_1, e_2, \cdots, e_n)$。其中，$e_j$ 表示对第 j 个属性的参考值。

V 表示前景值矩阵，记 $V=[v(b_{ij})]_{m\times n}$。其中，$v(b_{ij})$表示第 i 个供应商投标对第 j 个属性的前景值。

U 表示累积前景价值。

在本章中，为了书写简便整齐，对精确数和其他模糊数的符号书写未做明显区分，但在描述和计算时，均会明确说明每个元素(投标属性值)的具体描述方式。

4.4　混合不确定情形下的 OMARA 赢者确定方法

基于第 4.3 节关于 OMARA-WDP 问题的描述，本节重点介绍本章提出的基于前景理论和模糊集理论的混合不确定情形下的 OMARA 赢者确定方法。

4.4.1　构建初始评价矩阵和参考点向量

采购商在线发布采购信息，并给出具体的供应商及其产品的相关属性要求和投标示例。由于存在多种不确定情形，允许采用不同形式对竞标属性值(假设有 n 个属性)进行刻画。假定同时存在精确数、区间数、三角模糊数、梯形模糊数、语义模糊术语五种表述方式，且指定对于每一种属性评价值(矩阵中的每一列元素)采用同一种表述方式；随后，m 个合规的兴趣供应商在规定的投标期限内参与了投标；最后，采购商将所有投标信息进行汇总整理，构建初始评价矩阵 P。

$$P=[p_{ij}]_{m\times n}=\begin{matrix} \\ S_1 \\ S_2 \\ \vdots \\ S_m \end{matrix}\begin{pmatrix} G_1 & G_2 & \cdots & G_n \\ p_{11} & \cdots & \cdots & p_{1n} \\ p_{21} & \ddots & \vdots & \vdots \\ \vdots & \vdots & \ddots & \vdots \\ p_{m1} & \cdots & \cdots & p_{mn} \end{pmatrix} \tag{4.6}$$

采购商对各种属性值给出参考点向量 $\bar{R}=(r_1, r_2, \cdots, r_n)$，假定参考点向量对应元素与每个供应商关于同一个属性的估值采用相同的表述方式。本章从采购商实际利益最大化角度出发，以供应商的投标信息为客观基础，选择最理想情形为基本参考点，即成本型属性越小越好，效益型属性越大越好，这弥补了文献[44]直接给出采购者期望向量为参考点的方法主观性过强的问题，且本章构建如下参考点向量的方法比文献[45]的方法更简单易行，其向量中的元素表述为

$$r_j=\begin{cases}\max(p_{ij}),\ i\in M,\ j\in Q_B \\ \min(p_{ij}),\ i\in M,\ j\in Q_C\end{cases} \tag{4.7}$$

4.4.2 规范化评价矩阵和参考点向量

不同属性的刻画方式不同，下面分类型对评价矩阵和参考点向量中的元素进行规范化处理。一般文献主要采用简单的极差变换法，在做规范化处理时只对属性值进行处理，而参考点向量一般单独主观给定，这种方法存在主观性过强且后期距离计算时误差较大的不足。受文献[25]的启发，根据供应商的投标属性值客观地选取参考点向量，同时考虑属性值向量与参考点向量的规范化，使得计算结果更加客观精确。具体操作如下：

(1)当属性 $G_j\in G^N$ 时，属性值用精确数表达，则相应属性值的规范化公式为

$$b_{ij}=\begin{cases}\dfrac{p_{ij}}{\sqrt{\sum\limits_{i=1}^{m}(p_{ij})^2+(r_j)^2}}, & i\in M,\ j\in Q_B\cap Q_N\\[2ex] \dfrac{1/p_{ij}}{\sqrt{\sum\limits_{i=1}^{m}(1/p_{ij})^2+(1/r_j)^2}}, & i\in M,\ j\in Q_C\cap Q_N\end{cases}\tag{4.8}$$

参考点向量对应的元素规范化公式为

$$e_j=\begin{cases}\dfrac{r_j}{\sqrt{\sum\limits_{i=1}^{m}(p_{ij})^2+(r_j)^2}}, & j\in Q_B\cap Q_N\\[2ex] \dfrac{1/r_j}{\sqrt{\sum\limits_{i=1}^{m}(1/p_{ij})^2+(1/r_j)^2}}, & j\in Q_C\cap Q_N\end{cases}\tag{4.9}$$

(2)当属性 $G_j\in G^I$ 时，属性值用区间数表达，则相应属性值的规范化公式为

$$b_{ij}=\begin{cases}\left[\dfrac{p_{ij}^L}{H_1},\ \dfrac{p_{ij}^U}{H_1}\right], & i\in M,\ J\in Q_B\cap Q_I\\[2ex] \left[\dfrac{1}{H_2p_{ij}^U},\ \dfrac{1}{H_2p_{ij}^L}\right], & i\in M,\ J\in Q_C\cap Q_I\end{cases}\tag{4.10}$$

参考点向量对应的元素规范化公式为

$$e_j=\begin{cases}\dfrac{r_j^L}{H_1},\ \dfrac{r_j^U}{H_1}, & j\in Q_B\cap Q_I\\[2ex] \dfrac{1}{H_2r_j^U},\ \dfrac{1}{H_2r_j^L}, & j\in Q_C\cap Q_I\end{cases}\tag{4.11}$$

此处 H_1、H_2 分别为

$$H_1=\sqrt{\sum_{i=1}^{m}\left[(p_{ij}^L)^2+(p_{ij}^U)^2\right]+(r_j^L)^2+(r_j^U)^2}$$

$$H_2=\sqrt{\sum_{i=1}^{m}\left[(1/p_{ij}^L)^2+(1/p_{ij}^U)^2\right]+(1/r_j^L)^2+(1/r_j^U)^2}$$

(3)当属性 $G_j\in G^{Tri}$时，属性值用三角模糊数表达，则相应的规范化公式为

$$b_{ij}=\begin{cases}\left[\dfrac{p_{ij}^{L}}{H_1},\ \dfrac{p_{ij}^{M}}{H_1},\ \dfrac{p_{ij}^{U}}{H_1}\right], & i\in M,\ j\in Q_B\cap Q_{Tri}\\[2ex] \left[\dfrac{1}{H_2p_{ij}^{U}},\ \dfrac{1}{H_2p_{ij}^{M}},\ \dfrac{1}{H_2p_{ij}^{L}}\right], & i\in M,\ j\in Q_C\cap Q_{Tri}\end{cases} \tag{4.12}$$

参考点向量对应的元素规范化公式为

$$e_j=\begin{cases}\left[\dfrac{r_j^{L}}{H_1},\ \dfrac{r_j^{M}}{H_1},\ \dfrac{r_j^{U}}{H_1}\right], & j\in Q_B\cap Q_{Tri}\\[2ex] \left[\dfrac{1}{H_2r_j^{U}},\ \dfrac{1}{H_2r_j^{M}},\ \dfrac{1}{H_2r_j^{L}}\right], & j\in Q_C\cap Q_{Tri}\end{cases} \tag{4.13}$$

此处 H_1、H_2 分别为

$$H_1=\sqrt{\sum_{i=1}^{m}\left[(P_{ij}^{L})^2+(P_{ij}^{M})^2+(P_{ij}^{U})^2\right]+(r_j^{L})^2+(r_j^{M})^2+(r_j^{U})^2}$$

$$H_2=\sqrt{\sum_{i=1}^{m}\left[(1/P_{ij}^{L})^2+(1/P_{ij}^{M})^2+(1/P_{ij}^{U})^2\right]+(1/r_j^{L})^2+(1/r_j^{M})^2+(1/r_j^{U})^2}$$

(4)当属性 $G_j\in G^{Tra}$时，属性值用梯形模糊数表达，则相应的规范化公式为

$$b_{ij}=\begin{cases}\left[\dfrac{p_{ij}^{L}}{H_1},\ \dfrac{p_{ij}^{M}}{H_1},\ \dfrac{p_{ij}^{N}}{H_1},\ \dfrac{p_{ij}^{U}}{H_1}\right], & i\in M,\ j\in Q_B\cap Q_{Tra}\\[2ex] \left[\dfrac{1}{H_2p_{ij}^{U}},\ \dfrac{1}{H_2p_{ij}^{N}},\ \dfrac{1}{H_2p_{ij}^{M}},\ \dfrac{1}{H_2p_{ij}^{L}}\right], & i\in M,\ j\in Q_C\cap Q_{Tra}\end{cases} \tag{4.14}$$

参考点向量对应元素规范化公式为

$$e_j=\begin{cases}\left[\dfrac{r_j^{L}}{H_1},\ \dfrac{r_j^{M}}{H_1},\ \dfrac{r_j^{N}}{H_1},\ \dfrac{r_j^{U}}{H_1}\right], & j\in Q_B\cap Q_{Tra}\\[2ex] \left[\dfrac{1}{H_2r_j^{U}},\ \dfrac{1}{H_2r_j^{N}},\ \dfrac{1}{H_2r_j^{M}},\ \dfrac{1}{H_2r_j^{L}}\right], & j\in Q_C\cap Q_{Tra}\end{cases} \tag{4.15}$$

此处 H_1、H_2 分别为

$$H_1=\sqrt{\sum_{i=1}^{m}\left[(P_{ij}^{L})^2+(P_{ij}^{M})^2+(P_{ij}^{N})^2+(P_{ij}^{U})^2\right]+r'}$$

其中，$r'=(r_j^{L})^2+(r_j^{M})^2+(r_j^{N})^2+(r_j^{U})^2$；

$$H_2=\sqrt{\sum_{i=1}^{m}\left[(1/P_{ij}^{L})^2+(1/P_{ij}^{M})^2+(1/P_{ij}^{N})^2+(1/P_{ij}^{U})^2\right]+\hat{r}}$$

其中，$\hat{r}=(1/r_j^{L})^2+(1/r_j^{M})^2+(1/r_j^{N})^2+(1/r_j^{U})^2$.

(5) 当属性 $G_j \in G^L$ 时，属性值用语义模糊术语表达，则相应属性值的规范化公式为

$$b'_{ij}=\begin{cases} p_{ij}, & i\in M,\ j\in Q_B\cap Q_L \\ neg(p_{ij}), & i\in M,\ J\in Q_C\cap Q_L \end{cases} \tag{4.16}$$

参考点向量对应的元素规范化公式为

$$e'_j=\begin{cases} r_j, & j\in Q_B\cap Q_L \\ neg(r_j), & j\in Q_C\cap Q_L \end{cases} \tag{4.17}$$

将 e'_j、b'_{ij}按照式(2.19)转化为相应的三角模糊数，再用三角模糊数规范化方法处理，得到该情形下的 e_j，b_{ij}。

综合上述处理过程，可以得到规范化后的评价矩阵：

$$B=[b_{ij}]_{m\times n}=\begin{matrix} \\ S_1 \\ S_2 \\ \vdots \\ S_m \end{matrix}\begin{pmatrix} G_1 & G_2 & \cdots & G_n \\ b_{11} & \cdots & \cdots & b_{1n} \\ b_{21} & \ddots & \vdots & \vdots \\ \vdots & \vdots & \ddots & \vdots \\ b_{m1} & \cdots & \cdots & b_{mn} \end{pmatrix} \tag{4.18}$$

规范化后的参考点向量为

$$E=(e_1,\ e_2,\ \cdots,\ e_n) \tag{4.19}$$

4.4.3　计算各投标方案的综合前景值

在第 4.4.2 小节对投标属性值数据进行规范化处理之后，本小节主要介绍如何计算各供应商投标方案中属性值的累积前景值，具体步骤以下：

第 1 步，比较投标属性值 b_{ij}与参考点 e_j 的大小。

①当属性值都用精确值表述时，直接比较大小即可。

②当属性值都用区间数表述时，按区间数比较方法[25]，记为

$$h(b_{ij})=\frac{1}{2}(b_{ij}^L+b_{ij}^U),\ i\in M,\ j\in Q_I$$

$$h(e_j)=\frac{1}{2}(e_j^L+e_j^U),\ j\in Q_I$$

$$k(e_j)=\frac{1}{2}(e_j^U-e_j^L),\ j\in Q_I$$

(a)当$h(b_{ij})\neq h(e_j)$时，若$h(b_{ij})>h(e_j)$，则$b_{ij}>e_j$；若$h(b_{ij})<h(e_j)$，则$b_{ij}<e_j$。

(b)当$h(b_{ij})=h(e_j)$时，若$k(b_{ij})>k(e_j)$，则$b_{ij}<e_j$；若$k(b_{ij})=k(e_j)$，则$b_{ij}=e_j$；若$k(b_{ij})<k(e_j)$，则$b_{ij}>e_j$。

③当属性值都用三角模糊数表述时，利用模糊概率及期望值方法[31]比较大小，记为

$$z(b_{ij})=\frac{1}{6}(b_{ij}^L+4b_{ij}^M+b_{ij}^U),\ i\in M,\ j\in Q_{Tri}$$

$$z(e_j)=\frac{1}{6}(e_j^L+4e_j^M+e_j^U),\ j\in Q_{Tri}$$

若$z(b_{ij})>z(e_j)$，则$b_{ij}>e_j$；若$z(b_{ij})=z(e_j)$，则$b_{ij}=e_j$；若$z(b_{ij})<z(e_j)$，则$b_{ij}<e_j$。

④当属性值都用梯形模糊数表述时，采取与三角模糊数类似的方法进行大小比较[44]：

$$z(b_{ij})=\frac{1}{6}(b_{ij}^L+2b_{ij}^M+2b_{ij}^N+b_{ij}^U),\ i\in M,\ j\in Q_{Tri}$$

$$z(e_j)=\frac{1}{6}(e_j^L+2e_j^M+2e_j^N+e_j^U),\ j\in Q_{Tri}$$

若$z(b_{ij})>z(e_j)$，则$b_{ij}>e_j$；若$z(b_{ij})=z(e_j)$，则$b_{ij}=e_j$；若$z(b_{ij})<z(e_j)$，则$b_{ij}<e_j$。

⑤当属性值用语义模糊术语表述时，由式(2.19)可先将其转化成三角模糊数，然后再按③的方法进行比较。

第2步，计算投标属性值b_{ij}与参考点e_j的距离和损益值。

$$d'_{ij}=\begin{cases}|b_{ij}-e_j|, & i\in M,\ j\in Q_N\\ \sqrt{\dfrac{[(b_{ij}^L-e_j^L)^2+(b_{ij}^U-e_j^U)^2]}{2}}, & i\in M,\ j\in Q_I\\ \sqrt{\dfrac{[(b_{ij}^L-e_j^L)^2+(b_{ij}^M-e_j^M)^2+(b_{ij}^U-e_j^U)^2]}{3}}, & i\in M,\ j\in Q_{Tri}\cup Q_L\\ \sqrt{\dfrac{[(b_{ij}^L-e_j^L)^2+(b_{ij}^M-e_j^M)^2+(b_{ij}^N-e_j^N)^2+(b_{ij}^U-e_j^U)^2]}{4}}, & i\in M,\ j\in Q_{Tra}\end{cases}\tag{4.20}$$

当 $b_{ij} \geqslant e_j$ 时，记 $d_{ij}=d'_{ij}$ 为增益值；当 $b_{ij}<e_j$ 时，记 $d_{ij}=-d'_{ij}$ 为损失值。

第 3 步，构建投标属性值的前景值矩阵。

基于前景理论构建供应商对每个投标属性值的前景值矩阵 $V=[v(b_{ij})]_{m\times n}$。其中，$v(b_{ij})$ 表示第 i 个供应商投标方案的第 j 个属性的前景值，有如下形式：

$$v(b_{ij})=\begin{cases}(d_{ij})^{\alpha}, & b_{ij}\geqslant e_j \\ -\theta(-d_{ij})^{\beta}, & b_{ij}<e_j\end{cases},\ i\in M,\ j\in J \tag{4.21}$$

当 $b_{ij}\geqslant e_j$ 时，意味着相对参考点获得增益；当 $b_{ij}<e_j$ 时，则表示相对参考点受到损失。（这里选定 $\alpha=\beta=0.88$，$\theta=2.25$）

第 4 步，确定各投标属性的权重。

投标属性的权重表示各投标属性的相对重要程度。本章采用最大偏差法来计算属性权重。相较于文献[44]中的属性权重求解方法，本章的方法更简单易行。属性值偏差越大，属性权重就越大。属性权重 ω_j 的计算式为

$$\omega_j=\frac{\sum_{i=1}^{m}\sum_{k=1}^{m}d(b_{ij},\ b_{kj})}{\sum_{j=1}^{n}\sum_{i=1}^{m}\sum_{k=1}^{m}d(b_{ij},\ b_{kj})} \tag{4.22}$$

式(4.22)中，距离 $d(b_{ij},\ b_{kj})$ 采用欧式距离式(2.12)、式(2.14)、式(2.18)计算，至于采用其他形式的距离公式会对属性权重产生何种影响，将在第 4.6.2 小节进行具体分析。

第 5 步，计算各供应商投标方案的综合前景值。

基于第 3 步和第 4 步的计算结果，运用式(4.23)计算所有供应商投标方案的综合前景值：

$$U_i=\sum_{j=1}^{n}\omega_j v(b_{ij}),\ i\in M,\ j\in J \tag{4.23}$$

4.4.4　确定获胜投标与供应商

采购商根据各供应商在线投标中各属性值的累积前景值 U_i，按在线评价程序对供应商投标进行从低到高排序，排在最后的供应商被确定为最终

获胜者。然后，采购商在线发布获胜者信息，与获胜者签订采购合同，采购拍卖结束。

4.4.5 OMARA 赢者确定方法步骤

基于以上分析，将 OMARA 赢者确定方法的具体步骤归纳如下：

第 1 步，采购方在线发布采购商品的名称、数量、结束时间等基本信息，主要说明对供应商本身有关属性的要求以及提供产品的成本型属性和效益型属性的基本要求。

第 2 步，有兴趣的供应商根据自身情况和采购方要求，在规定时间内在线提交标书，根据不同属性特征分别用精确数、区间数、三角模糊数、梯形模糊数、语言模糊术语进行属性值表述。

第 3 步，根据投标信息对供应商进行资格筛选，排除不合格投标的供应商，合格供应商进入投标方案评价阶段。

第 4 步，采购方以所有合格供应商的投标信息为基础制定初始评价矩阵 P。

第 5 步，由式(4.7)确定参考点向量 $\bar{R}$。

第 6 步，将评价矩阵和参考点向量按照式(4.8)至式(4.19)进行规范化，得到规范化的评价矩阵 B 和参考点向量 E。

第 7 步，基于规范化后的参考点向量和评价矩阵，按照式(4.20)和式(4.21)计算每个供应商对采购商品不同属性投标值的前景值，并构建前景价值矩阵 V。

第 8 步，根据对整体属性的评估，基于最大偏差法，根据式(2.12)、式(2.14)、式(2.18)以及式(4.22)计算各属性的权重 ω_j。

第 9 步，按式(4.23)计算每个供应商的投标方案所有属性的综合前景值 U_i。

第 10 步，采购方选择投标方案综合前景值最高的供应商，并将其作为最后的获胜者，然后在线发布最终获胜供应商信息，并与之达成最终采购合同或协议，整个 OMARA 结束。

4.5　数值算例与方法比较

假设某一食品加工企业(采购方)欲采购一定数量的某种产品的原材料，该企业通过某拍卖网站在线发布相关招标信息，并对产品和商家的相关属性要求进行描述。这里，假设采购商选取五种属性：$\{G_1, G_2, G_3, G_4, G_5\}$。假设这五种属性之间相互独立，其中：$G_1$ 表示原料保质期，该属性值用精确数表述，一般描述为"几个月或者几年"，这里统一用月数表述；G_2 表示采购单价(设单位为元)，该属性值用区间数表述，即供应商允许在某一指定价格区间范围协商采购价格；G_3 表示交货时间，该属性值用三角模糊数表述，一般描述为"一般情况下多少天，也有可能提前或滞后几天"；G_4 表示商品质量动态评分，该属性值用梯形模糊数表述，一般随机选取历史四个时间点的在线评分值构成一个梯形模糊数，并假定最高评分为 10、最低评分为 0；G_5 表示商家历史信誉，该属性值用语义术语表述，可从第三方评级机构获得(如淘宝店铺评级)，这里可描述为"差、较差、一般、较好、好"五种语义形式。其中，属性 G_1、G_4、G_5 属于效益型属性，属性 G_2、G_3 属于成本型属性。假设存在 4 个感兴趣的合规供应商参与在线竞标，供应商对各属性偏好独立，且互相之间不存在串谋情况。

采购方基于供应商投标信息，采用本章第 4.4 小节所给的具体方法进行竞胜供应商确定，详细过程如下：

第 1 步，供应商按照采购商的相关要求，在规定时间内在线投标。

第 2 步，采购方在线收集供应商的投标信息，筛选合格供应商(假设 4 个投标供应商均通过资格筛查)，并根据他们的投标信息制定初始评价矩阵 P：

$$P=[p_{ij}]_{4\times5}=\begin{matrix} \\ S_1 \\ S_2 \\ S_3 \\ S_4 \end{matrix}\begin{pmatrix} G_1 & G_2 & G_3 & G_4 & G_5 \\ 3 & [3,\ 4] & [9,\ 10,\ 11] & [6,\ 7,\ 8,\ 10] & \text{好} \\ 2 & [3,\ 5] & [8,\ 11,\ 14] & [5,\ 6,\ 7,\ 9] & \text{一般} \\ 3 & [4,\ 5] & [7,\ 11,\ 12] & [4,\ 7,\ 8,\ 9] & \text{一般} \\ 4 & [2,\ 4] & [9,\ 10,\ 12] & [7,\ 8,\ 9,\ 10] & \text{较好} \end{pmatrix}$$

第 3 步，将 P 中属性 G_5 的语义描述从上到下按照式(2.19)转化成三角模糊数，分别为[0.75，1，1]、[0.25，0.5，0.75]、[0.25，0.5，0.75]、[0.5，0.75，1]。

第 4 步，通过比较上述矩阵每列的元素大小，以采购商最大化自身的利益需求为标准，确定参考点向量 $\bar{R}$：

$\bar{R}$=(4，[2，4]，[9，10，11]，[7，8，9，10]，[0.75，1，1])

第 5 步，按照式(4.8)、式(4.19)对初始评价矩阵 P 和参考点向量 $\bar{R}$ 进行规范化处理，得到规范化评价矩阵 B 和规范化参考点向量 E(见表 4.1)。

表 4.1　规范化矩阵 *B* 和规范化参考点向量 *E*

	G_1	G_2	G_3	G_4	G_5
S_1	0.4082	[0.2376，0.3168]	[0.1172，0.1290，0.1433]	[0.1718，0.2005，0.2291，0.2578]	[0.2545，0.3393，0.3393]
S_2	0.2722	[0.1901，0.3168]	[0.0921，0.1172，0.1612]	[0.1432，0.1718，0.2005，0.2578]	[0.0848，0.1696，0.2545]
S_3	0.4082	[0.1901，0.2376]	[0.1075，0.1172，0.1842]	[0.1146，0.2005，0.2291，0.2578]	[0.0848，0.1696，0.2545]
S_4	0.5443	[0.2376，0.4752]	[0.1075，0.1290，0.1433]	[0.2005，0.2291，0.2578，0.2864]	[0.1696，0.2545，0.3393]
E	0.5443	[0.2376，0.4752]	[0.1172，0.1290，0.1433]	[0.2005，0.2291，0.2578，0.2864]	[0.2545，0.3393，0.3393]

第 6 步，根据式(4.20)计算每个属性值与参考点向量对应元素的距离 d'_{ij}(见表 4.2)。

表 4.2　各属性值与参考点间的距离

	G_1	G_2	G_3	G_4	G_5
S_1	0.1361	0.1120	0.0000	0.0287	0.0000
S_2	0.2721	0.1169	0.0191	0.0516	0.1470
S_3	0.1361	0.1713	0.0252	0.0496	0.1470
S_4	0.0000	0.0000	0.0056	0.0000	0.0693

第 7 步，根据式(4.21)构建供应商投标属性值的前景价值矩阵 V(见

表 4.3)。

表 4.3　投标前景价值矩阵

	G_1	G_2	G_3	G_4	G_5
S_1	-0.3890	0.1457	0.0000	-0.0989	0.0000
S_2	-0.7157	0.1512	0.0307	-0.1657	-0.4163
S_3	-0.3890	0.2117	0.0392	-0.1600	-0.4163
S_4	0.0000	0.0000	0.0104	0.0000	-0.2148

第 8 步，基于最大偏差法，根据式(2.12)、式(2.14)、式(2.18)和式(4.22)计算各竞标评价属性的权重 ω_j(见表 4.4)。

表 4.4　竞标评价属性的权重

	G_1	G_2	G_3	G_4	G_5
ω_j	0.0955	0.3582	0.0682	0.1343	0.3438

第 9 步，基于式(4.23)计算每个供应商的投标中各个属性值的综合前景值 U_i(见表 4.5)。

表 4.5　投标方案的综合前景值

	S_1	S_2	S_3	S_4
U_i	0.0017	-0.1775	-0.1233	-0.0731

第 10 步，选择综合前景值最高的供应商为最后的获胜者，并在线发布获胜者信息，采购商与获胜供应商签订采购合同或协议，采购拍卖结束。

由第 9 步的运算结果可知，综合前景值大小关系为 $U_1>U_4>U_3>U_2$，所以对采购商来说，对 4 个供应商的偏好顺序为 $S_1>S_4>S_3>S_2$，即供应商 S_1 成为最后的竞胜者，签订采购合同或协议后，拍卖结束。

由上述计算结果，可以得到以下几点认识：

(1)由 S_1 成为最后的获胜者，可以看出“供应商的历史信誉”对采购商的决策起到了至关重要的作用。这与实际网购中购买者非常看重商家的信誉保持一致。

(2)由表 4.4 可知，采购单价的权重最大，说明对采购商而言，价格属性的考量仍然处于非常重要的位置，因为这与采购商的预算密切相关。

(3)供应商产品的“质量”高低对采购商的决策影响较大，说明采购商在决策时不仅会考虑价格属性，质量属性的影响也至关重要。

(4)在其他属性差别较小时，“交货时间”对采购商来说也越发重要，特别是易腐农产品、生鲜食品等的采购，交货时间的影响更加显著。

Weber 等[81]对 1966—1990 年发表的 74 篇关于多属性采购的文章进行了回顾和分类，并对这些文章中研究的所有属性进行了排序，得出结论：采购价格、产品质量、交货时间是最为重要的几个评价属性。由上述算例得到的几点认识和 Weber 等的研究结果基本吻合，说明本章提出的采购拍卖获胜者确定方法是可行的。

下面进一步通过与不同方法的结果进行比较来说明本章所提方法的有效性。

由于目前还没有同时考虑本章中所给出的五种属性描述方式的反向拍卖文献，所以本章参照代文锋等[30]的处理方法，将所有模糊数全部解模糊化为精确数，然后将它们看成左右端点值等于中点值的三角模糊数，最后用陈晓红等[32]的方法进行计算和排序：

首先，将原初始评价矩阵转化为仅用三角模糊数描述的决策矩阵，并确定正、负理想点向量(见表 4.6)。

其次，经规范化处理后，采用陈晓红等[32]的 TOPSIS 方法，基于供应商的投标方案，求得每个供应商投标方案接近正理想解方案同时远离负理想解的相对贴近度 V_i^*(见表 4.7)。

表 4.6　三角模糊数型决策矩阵及正、负理想点向量

	G_1	G_2	G_3	G_4	G_5
S_1	[3.0000, 3.0000, 3.0000]	[3.0000, 3.0000, 3.0000]	[15.0000, 15.0000, 15.0000]	[7.7500, 7.7500, 7.7500]	[0.9375, 0.9375, 0.9375]
S_2	[2.0000, 2.0000, 2.0000]	[4.0000, 4.0000, 4.0000]	[16.5000, 16.5000, 16.5000]	[6.7500, 6.7500, 6.7500]	[0.5000, 0.5000, 0.5000]

续表

	G_1	G_2	G_3	G_4	G_5
S_3	[3.0000, 3.0000, 3.0000]	[4.5000, 4.5000, 4.5000]	[15.7500, 15.7500, 15.7500]	[7.0000, 7.0000, 7.0000]	[0.5000, 0.5000, 0.5000]
S_4	[4.0000, 4.0000, 4.0000]	[3.0000, 3.0000, 3.0000]	[15.2500, 15.2500, 15.2500]	[8.5000, 8.5000, 8.5000]	[0.7500, 0.7500, 0.7500]
E^+	[4.0000, 4.0000, 4.0000]	[3.0000, 3.0000, 3.0000]	[15.0000, 15.0000, 15.0000]	[8.5000, 8.5000, 8.5000]	[0.9375, 0.9375, 0.9375]
E^-	[2.0000, 2.0000, 2.0000]	[4.5000, 4.5000, 4.5000]	[16.5000, 16.5000, 16.5000]	[6.7500, 6.7500, 6.7500]	[0.5000, 0.5000, 0.5000]

表 4.7　投标方案接近正理想解方案的相对贴近度

	S_1	S_2	S_3	S_4
V_i^*	0.3938	3.5961	2.8793	0.0001

V_i^* 的值越小，说明方案越不理想。对供应商进行偏好排序的结果为：$S_4 > S_1 > S_3 > S_2$。与本章所给方法计算结果部分一致。这主要是因为，供应商 S_4 和 S_1 在投标中的属性值差别较小，且本章所给方法用到的是客观的属性权重计算，而陈晓红等[32]的研究中属性权重是提前假定的，同时本章方法考虑了采购者风险态度的影响，所以最终结果产生了一定的差异，但本章所得结果更能反映真实的采购拍卖过程，对实际采购拍卖活动具有指导意义，因此可以说本章所提的赢者确定方法是更为合理和有效的。

4.6　稳健性分析

为了进一步探究本章所给方法在不同情形下的最终决策效果，本小节从以下两个方面进行稳健性分析。

4.6.1 不同投标属性间数值差异较大情形下的算例结果分析

为了观察投标属性值存在较大差别时对属性前景值、属性权重及最终采购商偏好排序结果产生的影响，本小节改变不同供应商投标方案中部分属性值(产品单价)的数量级，然后运用本章提出的多属性反向拍卖的赢者确定方法进行计算和排序，观察结果的变化。采购方基于供应商的投标信息，按4.4节所给的方法进行竞胜供应商的确定，具体过程如下：

第1步，过程同4.5节的第1步。

第2步，过程同4.5节的第2步，但得到新的评价矩阵 P'：

$$P'=[p'_{ij}]_{4\times5}=\begin{matrix} \\ S_1 \\ S_2 \\ S_3 \\ S_4 \end{matrix}\begin{pmatrix} G_1 & G_2 & G_3 & G_4 & G_5 \\ 3 & [30,\ 40] & [9,\ 10,\ 11] & [6,\ 7,\ 8,\ 10] & \text{好} \\ 2 & [30,\ 50] & [8,\ 11,\ 14] & [5,\ 6,\ 7,\ 9] & \text{一般} \\ 3 & [40,\ 50] & [7,\ 11,\ 12] & [4,\ 7,\ 8,\ 9] & \text{一般} \\ 4 & [20,\ 40] & [9,\ 10,\ 12] & [7,\ 8,\ 9,\ 10] & \text{较好} \end{pmatrix}$$

第3步，过程同4.5节的第3步。

第4步，确定参考点向量 $\bar{R}'$：

$\bar{R}'=(4,\ [20,\ 40],\ [9,\ 10,\ 11],\ [7,\ 8,\ 9,\ 10],\ [0.75,\ 1,\ 1])$.

第5步，按照式(4.8)至式(4.19)对初始评价矩阵 P' 和参考点向量 $\bar{R}'$ 进行规范化处理，得到规范化矩阵 B' 和规范化参考点向量 E'(见表4.8)。

表4.8 规范化矩阵 B' 和规范化参考点向量 E'

	G_1	G_2	G_3	G_4	G_5
S_1	0.4082	[0.2437, 0.3250]	[0.1172, 0.1290, 0.1433]	[0.1718, 0.2005, 0.2291, 0.2578]	[0.2545, 0.3393, 0.3393]
S_2	0.2722	[0.1950, 0.3250]	[0.0921, 0.1172, 0.1612]	[0.1432, 0.1718, 0.2005, 0.2578]	[0.0848, 0.1696, 0.2545]

续表

	G_1	G_2	G_3	G_4	G_5
S_3	0.4082	[0.1950, 0.2437]	[0.1075, 0.1172, 0.1842]	[0.1146, 0.2005, 0.2291, 0.2578]	[0.0848, 0.1696, 0.2545]
S_4	0.5443	[0.2437, 0.4874]	[0.1075, 0.1290, 0.1433]	[0.2005, 0.2291, 0.2578, 0.2864]	[0.1696, 0.2545, 0.3393]
E'	0.5443	[0.2437, 0.4874]	[0.1172, 0.1290, 0.1433]	[0.2005, 0.2291, 0.2578, 0.2864]	[0.2545, 0.3393, 0.3393]

第 6 步，根据式(4.20)计算每个属性值与参考点向量对应元素的距离 d''_{ij}(见表 4.9)。

表 4.9 各属性值与参考点间的距离

	G_1	G_2	G_3	G_4	G_5
S_1	0.1361	0.1624	0.0000	0.0287	0.0000
S_2	0.2721	0.1695	0.0191	0.0516	0.1470
S_3	0.1361	0.2485	0.0252	0.0496	0.1470
S_4	0.0000	0.0000	0.0056	0.0000	0.0693

第 7 步，根据式(4.21)构建供应商投标属性值的前景价值矩阵 V'(见表 4.10)。

表 4.10 投标前景价值矩阵

	G_1	G_2	G_3	G_4	G_5
S_1	−0.3890	0.4545	0.0000	−0.0989	0.0000
S_2	−0.7157	0.4719	0.0307	−0.1657	−0.4163
S_3	−0.3890	0.6608	0.0392	−0.1600	−0.4163
S_4	0.0000	0.0000	0.0104	0.0000	−0.2148

第 8 步，基于最大偏差法，根据式(2. 12)、式(2. 14)、式(2. 18)及式(4. 22)计算各竞标评价属性的权重 ω_j'(见表 4. 11)。

表 4. 11 各竞标评价属性的权重

	G_1	G_2	G_3	G_4	G_5
ω'_j	0. 3451	0. 2407	0. 1208	0. 0880	0. 2054

第 9 步，根据式(4. 23)计算每个供应商的投标中各个属性值的综合前景值 U_i'(见表 4. 12)。

表 4. 12 投标方案的综合前景值

	S_1	S_2	S_3	S_4
U_i'	−0. 0335	−0. 2298	−0. 0700	−0. 0429

从以上运算结果和对应的表格内容可以发现，当其中某一属性(产品单价 G_2)在数值上与其他属性存在数量级差别时，其所对应的属性前景值会发生变化，相应地，也会造成各个属性对应权重值的变化。但从表 4. 12 最终综合前景值的大小关系来看，与第 4. 5 节的结果保持一致，大小关系仍为 $U_1'>U_4'>U_3'>U_2'$，即采购商对 4 个供应商的偏好顺序仍为$S_1>S_4>S_3>S_2$，供应商 S_1 仍为最终的竞胜者。由此可见，本章所提方法具有一定的稳健性和适用性，能够用来解决现实中更为一般性的 OMARA 中的赢者确定问题。

4. 6. 2 不同距离公式下的属性权重变化及竞标方案排序比较分析

本小节引入了三种距离计算公式，即海明(Hamming)距离[33]、曼哈顿(Manhattan)距离[153]和切比雪夫(Chebyshev)距离[154]，通过计算所得的距离分别记为 d_{ham}、d_{mht}、d_{cbv}。然后，将它们分别代入式(4. 22)，重新计算 4. 5 小节算例中各方案的属性权重值、综合前景值，确定最终的方案排序，并与本章用欧氏(Euclidean)距离(d_{euc})公式计算得到的结果进行对比分析。

各种不同距离公式下投标方案属性权重的计算结果见表 4. 13。

表 4.13　不同距离公式下投标方案属性权重的计算结果

	G_1	G_2	G_3	G_4	G_5
d_{ham}	0.3969	0.2195	0.0426	0.0934	0.2476
d_{mht}	0.1932	0.2137	0.0623	0.1694	0.3614
d_{cbv}	0.1850	0.3446	0.0714	0.1298	0.2692
d_{euc}	0.0955	0.3582	0.0682	0.1343	0.3438

结合表 4.3 和表 4.13 的计算结果，可得到不同距离公式下各供应商的投标综合前景值，见表 4.14。

表 4.14　不同距离公式下各供应商的投标综合前景值

	S_1	S_2	S_3	S_4
d_{ham}	-0.1316	-0.3682	-0.2242	-0.0528
d_{mht}	-0.0608	-0.2826	-0.2050	-0.0770
d_{cbv}	-0.0346	-0.2117	-0.1291	-0.0571
d_{euc}	0.0018	-0.1775	-0.1233	-0.0731

基于以上，可得不同距离公式下采购商对各供应商（投标）的偏好排序，见表 4.15。

表 4.15　不同距离公式下采购商对各供应商（投标）的偏好排序

距离公式	偏好排序
d_{ham}	$S_4 > S_1 > S_3 > S_2$
d_{mht}	$S_1 > S_4 > S_3 > S_2$
d_{cbv}	$S_1 > S_4 > S_3 > S_2$
d_{euc}	$S_1 > S_4 > S_3 > S_2$

基于表 4.13 至表 4.15 的结果可知，采用不同的距离公式，各供应商的投标方案综合前景值大小发生了不同程度的变化。采购商对竞标方案的最终偏好排序也出现了一定的变动，主要变化发生在海明距离公式下供应商 S_1 和 S_4 的排序上，说明不同距离公式确实会对模糊数的计算结果产生

一定的影响；而在曼哈顿距离公式和切比雪夫距离公式下，最终排序与本章所用的欧氏距离公式下的排序一致，这也在一定程度上解释了大多数模糊决策文献选择欧氏距离公式的原因。表 4. 15 中竞标方案偏好排序的比较分析，也进一步表明本章所提 OMARA 赢者确定方法的稳定性与有效性。

4. 7　本章小结

考虑到 OMARA 实际中存在的商品属性和商家信息的不确定性，以及采购者面对得失风险时常常表现出有限理性的行为特征，不同的风险态度会直接影响风险决策的结果。本章从采购商角度出发，引入行为科学理论中的前景理论，并结合不确定领域的模糊相关理论，研究了同时存在精确数、区间数、三角模糊数、梯形模糊数和语义模糊术语五种竞标属性值描述方式的混合不确定情形下 OMARA 的竞胜供应商确定问题，并提出了一种新的、更具一般性的赢者确定方法（中标供应商确定方法）。最后，通过具体数值算例说明本章提出方法的合理性与可行性，并综合利用对比分析及敏感性分析验证了所提方法的合理性、有效性与稳健性。

在互联网、电子商务不断普及的当下，虽然越来越多的国内外企业开始采用网上反向拍卖来节约成本，但在线多属性反向拍卖的理论发展还远没有达到它应有的程度。当前，我国的相关研究还很薄弱，加强 OMARA 领域相关研究具有相当的重要性和紧迫性。本章研究为采购者在复杂不确定情形下解决 OMARA 中竞标供应商的赢者确定问题提供了一种简明而有效的决策方法。

| 第5章 |

基于多目标规划理论的不确定情形下 OMSMARA 赢者确定与数量分配决策

在线多源多属性反向拍卖是一种同时考虑价格属性与多种非价格属性并确定多个获胜者的采购拍卖方式。它既能提高采购效率，又能降低采购者决策失误发生的概率，还能维持长期良好的采供合作关系，广泛应用于项目招标和企业采购等诸多领域。本章从采购者(拍卖者)的角度出发，提出了一种新的决策方法框架来解决混合不确定情形下 OMSMARA 的赢家确定(WDP)和数量分配问题。该决策方法框架主要包括以下三个步骤：第一，采用梯形模糊数来描述不确定的投标属性值。第二，引入犹豫模糊集(HFS)来表征采购者对各投标中相关属性投标信息的满意程度，并根据犹豫模糊评价矩阵和极大偏差法确定竞标属性的权重。第三，针对 OMSMARA 问题，提出了模糊多目标混合0-1整数规划模型及其等价转换的精确优化模型，并给出具体的求解方法。本章通过数值算例说明所提出决策方法框架的可行性和有效性，并通过敏感性分析和对比分析进一步说明该决策方法的鲁棒性和决策结果的可靠性。

5.1　引言

当前，大量 OMARA 相关研究关注的主要是被称为单源采购拍卖的情形，即通过不同赢者确定方法确定唯一的赢家[155-158]。针对多源采购拍卖情形的研究还非常少。由于复杂的市场环境和各种潜在风险的现实存在，当赢家违反合同时，单源采购拍卖可能会造成严重的后果。多源采购拍卖更符合实际的需要，它不仅可以降低决策失误造成的损失风险，还有助于采供双方建立友好的市场合作伙伴关系[16,38]。例如，国际著名企业 IBM 公司就曾成功利用多源采购拍卖为其一座办公大楼购买大量办公座椅，降低了采购风险[79]。本章主要研究 OMSMARA 在采购实践中的相关决策制定问题。

在采购拍卖领域，OMSMARA 中的 WDP 本质上是进行投标评估及竞胜供应商确定[99]。选择好的供应商不仅可以提高一个公司的市场竞争力，也有助于降低成本和提高最终产品的质量[38]。OMSMARA 中获胜供应商的数量分配往往是一个存在多种约束条件的最优化采购效益的优化配置问题，可以借助传统和智能的优化方法来解决[100-103]。当前，已经出现了许多方法和技术可以解决上述两类问题，比如多准则/多属性决策(MCDM/MADM)方法、数学规划(MP)方法、人工智能算法等，更多方法可以参考 Chai 等的研究。

与此同时，当前的采购拍卖市场环境复杂多变，充满了不确定性[157-159]，采购拍卖采供双方决策难度进一步加大：对采购方来说，难在如何确定采购商品的属性要求及其相对重要程度，如何选择评价方法对供应商的投标进行综合评价；而对供应商而言，则主要是如何在不确定的市场环境下正确描述投标中的属性值信息。Huang 等[25] 和 Simic 等[160] 在 OMARA 的 WDP 研究中引入了传统的模糊数，如区间数、三角模糊数、梯形模糊数和语义模糊数，有效地处理了相关的不确定性问题。

不难发现，上述文献中提到的模糊数在表达供应商(投标人)的不确定投标属性值方面具有一定的优势。但这些文献并没有考虑采购商(招标人)对这些不确定投标属性信息进行评价时可能存在的不确定性。实际上，由于认知能力和专业水平的局限，采购者在对每个供应商的投标属性值进行满意度评估时，通常都会出现犹豫不决的心理行为。在这种不确定情形下，前面介绍的一般模糊数就不能合理刻画犹豫满意度信息。然而，根据文献[99, 123, 124]的研究可知，犹豫模糊集在表示人类犹豫不确定性和模糊性时，比其他一般模糊数表现得更为有效。受以上相关研究的启发，本章首次将 HFS 引入 OMSMARA，以有效刻画采购商对各供应商投标属性信息的满意度(隶属度)，并在投标属性信息不确定及采供双方相关约束条件下确定最终获胜供应商。

在实施 OMSMARA 采购一批特定商品时，采购者常面临三个主要问题：①如何根据竞标供应商的投标属性信息(假设评价属性为采供双方的公共知识)构建犹豫模糊评价矩阵，并据此确定评标属性的权重。②如何根据投标方案的相关信息对供应商进行综合评价，确定中标者。③如何在采供双方存在相关约束情形时进行最优的数量分配。本章站在采购商的角度，提出了一种新的决策方法框架来解决混合不确定情形下 OMSMARA 的赢家确定和数量分配问题。

5.2 基本定义

由于决策环境的复杂性和人类偏好的固有模糊性，人们在表达自己的观点或评价时往往会存在犹豫不决的心态。自 2010 年 Torra[122] 首次提出 HFS 来扩展传统的模糊集理论以来，大量文献集中研究了 HFS 及其扩展。这些文献均表明：在表达决策者的犹豫不确定性和模糊性时，HFS 比其他一般的模糊集表现得更客观有效。基于 HFS 的优点及所研究拍卖问题的实际需要，本章将 HFS 理论引入 OMSMARA 领域来解决 WDP 问题。下面介绍本章用到的两个重要定义(其他基本定义见第 2.2.5 小节)。

定义 5.1[123] 设 $lh(x_1)$ 和 $lh(x_2)$ 分别表示 HFE $h(x_1)$、$h(x_2)$ 中元素的个数。如果 $lh(x_1)\neq lh(x_2)$[假设 $lh(x_1)>lh(x_2)$]，那么较短的 $h(x_2)$ 可以通过下列方式增加 $lh(x_1)-lh(x_2)$ 个特定元素扩展到与 $h(x_1)$ 相等的长度，即增加 $lh(x_1)-lh(x_2)$ 个形如 $\overline{h}_2=\rho h_2^+ +(1-\rho)h_2^-$ 的新元素。其中，$0\leqslant\rho\leqslant1$，是由决策者的风险偏好决定的参数：$\rho=0$ 意味着风险规避，$\rho=1$ 意味着风险追求，$\rho=0.5$ 意味着风险中性。

定义 5.2 令 $h(x_1)$、$h(x_2)$ 是两个 HFE[不失一般性，假设它们有相同数量(假设 lh 个)的元素]。$h(x_1)$ 与 $h(x_2)$ 之间的距离为

$$d(h_1,\ h_2)=[\alpha d_1^{\lambda}+(1-\alpha)d_2^{\lambda}]^{\frac{1}{\lambda}},\ 0\leqslant\alpha\leqslant1,\ \lambda>0 \tag{5.1}$$

其中，$d_1=\left[\dfrac{1}{lh}\sum\limits_{l=1}^{lh}|h_1^{\delta(l)}-h_2^{\delta(l)}|^{\lambda}\right]^{\frac{1}{\lambda}}$，$d_2=[\max_l|h_1^{\delta(l)}-h_2^{\delta(l)}|^{\lambda}]^{\frac{1}{\lambda}}$。

在式(5.1)中，α 表示采购者的距离偏好系数：$\alpha=0$ 表示更偏好广义 Chebyshev 距离；$\alpha=1$ 表示更偏好广义 Manhattan 距离；$\alpha=0.5$，表示将以上两种距离视为同等重要。λ 表示测度系数，是一个正常数。

5.3 问题描述

假设某采购商（买方）计划通过在线反向拍卖采购一定数量的某种商品，有多个符合规范的供应商（假设总数为 m）参与在线竞标。采购商在线发布采购招标信息时，公布了价格属性指标和部分非价格属性指标的基本要求。根据历史经验和部门专家的建议，采购商确定了一些关键评价属性（假设属性总数为 n）用于后续的评标。在考虑了市场环境的变化、不可预测的风险等不确定性以及采购商的要求后，供应商使用 TrFN 描述其投标属性值。与此同时，采购商虽然可能已具有丰富的经验，但在进行有关决策时仍然会面临一些认知上的不确定性和专业上的局限性，常会出现犹豫不决的现象，故假定采购商根据自己的经验和专家意见，采用犹豫模糊元素来评估其对各投标属性值的满意程度。然后，根据所构造的犹豫模糊评价矩阵计算属性权重。根据获得的属性权重和供应商的投标方案信息，采购商确定竞标获胜者及相应的数量分配。最后，采购商在线发布获胜者信息及相应的数量分配，并与获胜者达成采购协议，拍卖结束。

OMSMARA 的一般流程（见图 5.1）如下：

第 1 步，采购商在线发布采购拍卖信息，公布采购物品的基本信息和要求。

第 2 步，供应商在线投标。

第 3 步，采购商在线收集供应商的投标信息。

第 4 步，采购商根据历史经验和专家建议确定关键的评价属性，并根据其对各投标方案中属性值的满意度构建评价矩阵，然后利用犹豫模糊评价方法确定属性权重。

第 5 步，采购商根据供应商的投标方案信息确定中标供应商及相应的数量分配。

第 6 步，采购商网上公布中标者及订购数量，在线达成相关协议，整个拍卖结束。

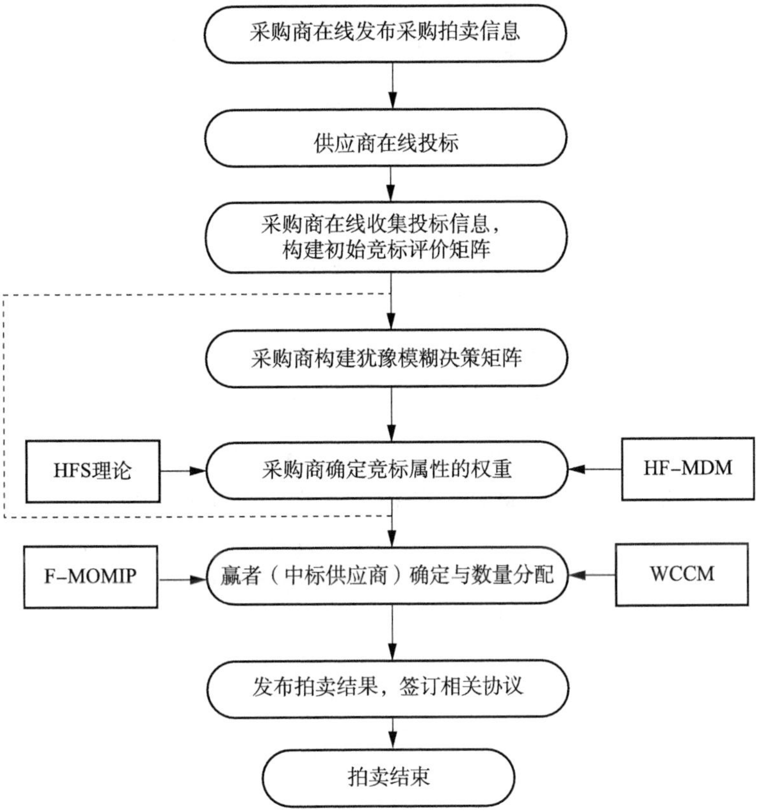

图 5.1　OMSMARA 流程及本章所提决策方法框架

为了简化分析，对本章研究的问题以及模型的构建做如下假设：

第一，假设买方采取的是网上密封的多属性反向拍卖，所有参与网上拍卖的供应商真实、独立地进行投标，不存在串谋投标行为。

第二，由于不确定的市场环境和潜在的风险，假设供应商提交的投标中的每个属性值都由 TrFN 描述(当然也可能存在其他形式的表述，不失一般性，这里将不确定的投标属性值统一假定为 TrFN)。

第三，由于认知和专业水平的限制，假定招标人使用 HFE 对各投标属性值满足其心理预期的程度(即满意度)给出相应的模糊评价，并据此计算竞标属性的权重。

第四，假设执行的 OMSMARA 只考虑单轮拍卖的情形(多轮带有协商交互的 OMSMARA 将在第 6 章进行研究)。

第五，假设采购商和供应商均是风险规避的。

第六，假设在在线采购拍卖过程中，采购商在与中标者签订拍卖协议时产生了一定的设置成本。为了分析简便，供应商的拍卖入场费与其他额外费用暂不考虑。

5.4 OMSMARA 决策方法框架

基于上述 OMSMARA 过程描述与基本假设，本章主要介绍一个新的决策方法框架来解决竞标供应商赢者确定和订单的数量分配问题，其中属性权重信息是事先未知的，采购商对各竞标方案属性值的满意度评价采用犹豫模糊信息来描述。OMSMARA 的过程和提出的 OMSMARA 方法框架见图 5.1。接下来，本章从要解决的问题以及具体的求解方法两个方面展开详细分析。在给出决策方法框架之前，先详细介绍本章使用的一些符号及其含义，见表 5.1。

表 5.1　指代符号、参数与决策变量及其含义描述

	含义描述
指代符号	
m	投标供应商数量(或投标方案数)
n	评估属性的数量
I	所有供应商(或投标方案)的指标集，$I=\{1, 2, \cdots, m\}$
J	所有评价属性的指标集，$J=\{0, 1, \cdots, n\}=J^B \cup J^C$
J^B	效益型评价属性的指标索引集
J^C	成本型评价属性的指标索引集
s_i	第 i 个供应商
A_i	第 i 个供应商的竞标方案
G_j	第 j 个竞标评价属性，$j \in J$
$\tilde{B}$	初始评价矩阵，$\tilde{B}=[\tilde{b}_{ij}]_{m\times n}$
$\tilde{b}_{ij}$	投标方案 i 中关于属性 j 的属性值，$\tilde{b}_{ij}=[b_{ij}^1, b_{ij}^2, b_{ij}^3, b_{ij}^4]$

续表

	含义描述
指代符号	
$\tilde{E}$	规范化后的评价矩阵，$\tilde{E}=[\tilde{e}_{ij}]_{m\times n}$
$\tilde{e}_{ij}$	规范化后投标方案 i 中属性 j 的属性值，$\tilde{e}_{ij}=[e_{ij}^1, e_{ij}^2, e_{ij}^3, e_{ij}^4]$
$\dot{H}$	采购者的初始犹豫模糊决策矩阵，$\dot{H}=[\dot{h}_{ij}]_{m\times n}$
H	规范化后的犹豫模糊决策矩阵，$H=[h_{ij}]_{m\times n}$
$\dot{h}_{ij}/h_{ij}$	$\dot{H}/H$ 中犹豫模糊元，表示对方案每个属性满意度的犹豫评估值
$h_{ij}^{\delta\{l\}}$	h_{ij}中第 l 大的隶属度值，$l=1, \cdots, lh_{ij}$，其中 lh_{ij}表示 h_{ij}中隶属度个数
Z	采购者在 OMSMARA 中的总采购价值
Y	采购者在 OMSMARA 中的总采购成本
Z_i	Z 在 Model-1 中的子目标
F_i	Z_i 在 Model-3 中规范化后的子目标
Y_i	Y 在 Model-2 中的子目标
U_i	Y_i 在 Model-3 中规范化后的子目标
V	Model-3 的综合目标
参数	
ρ	采购者的风险偏好系数
α	采购者的距离偏好系数
λ	距离测度系数，且为任一正常数
β_i	子目标 F_i 在 Model-3 中的相对权重
μ_i	子目标 U_i 在 Model-3 中的相对权重
Q	采购者的总需求
$\hat{B}$	采购者的总预算
N	获胜供应商(中标者)的最大数量
c_i	供应商 i 的最大产能(产品数量)
$\tilde{p}_i$	供应商 i 提供产品的单价(单位：美元)，且 $\tilde{p}_i=[p_i^1, p_i^2, p_i^3, p_i^4]$
$\tilde{t}_i$	供应商 i 可能延迟交货时间(以天为单位)，且 $\tilde{t}_i=[t_i^1, t_i^2, t_i^3, t_i^4]$

续表

	含义描述
参数	
$\tilde{w}_i$	供应商 i 提供的产品保质期(单位：月)，且 $\tilde{w}_i=[w_i^1, w_i^2, w_i^3, w_i^4]$
$\tilde{s}_i$	供应商 i 提供的产品售后服务水平(单位：百分制)，且 $\tilde{s}_i=[s_i^1, s_i^2, s_i^3, s_i^4]$
g_0	一个正的常数，表示采购者从获胜供应商购买产品的固定设置成本
ω_j	第 j 个竞标评价属性的权重
决策变量	
q_i	分配给供应商 i 的订单数量
x_i	0~1 变量，如果选择供应商 i 并分配采购数量，则其值为 1；否则为 0

5.4.1 投标信息收集与初始评价矩阵构建

采购方发布在线反向(采购)拍卖信息后，供应商在线提交其标书。然后，采购方根据供应商的投标方案属性信息，构造初始评价矩阵 $\tilde{B}$：

$$\tilde{B}=[\tilde{b}_{ij}]_{m\times n}=\begin{pmatrix} \tilde{b}_{11} & \cdots & \cdots & \tilde{b}_{1n} \\ \vdots & \ddots & & \vdots \\ \vdots & & \ddots & \vdots \\ \tilde{b}_{m1} & \cdots & \cdots & \tilde{b}_{mn} \end{pmatrix} \tag{5.2}$$

经过规范化处理，可得到规范化的评价矩阵 $\tilde{E}$：

$$\tilde{E}=[\tilde{e}_{ij}]_{m\times n}=\begin{pmatrix} \tilde{e}_{11} & \cdots & \cdots & \tilde{e}_{1n} \\ \vdots & \ddots & & \vdots \\ \vdots & & \ddots & \vdots \\ \tilde{e}_{m1} & \cdots & \cdots & \tilde{e}_{mn} \end{pmatrix} \tag{5.3}$$

式(5.3)中，规范化后元素 $\tilde{e}_{ij}$ 的具体表达如下：

$$\tilde{e}_{ij}=\begin{cases} \left[\dfrac{b_{ij}^1}{W_1}, \dfrac{b_{ij}^2}{W_1}, \dfrac{b_{ij}^3}{W_1}, \dfrac{b_{ij}^4}{W_1}\right], & i\in I,\ j\in J^B \\ \left[\dfrac{1}{b_{ij}^4 W_2}, \dfrac{1}{b_{ij}^3 W_2}, \dfrac{1}{b_{ij}^2 W_2}, \dfrac{1}{b_{ij}^1 W_2}\right], & i\in I,\ j\in J^C \end{cases} \tag{5.4}$$

其中，$W_1 = \sqrt{\sum_{i=1}^{m}[(b_{ij}^1)^2 + (b_{ij}^2)^2 + (b_{ij}^3)^2 + (b_{ij}^4)^2]}$，

$$W_2 = \sqrt{\sum_{i=1}^{m}\left[\left(\frac{1}{b_{ij}^1}\right)^2 + \left(\frac{1}{b_{ij}^2}\right)^2 + \left(\frac{1}{b_{ij}^3}\right)^2 + \left(\frac{1}{b_{ij}^4}\right)^2\right]}.$$

5.4.2　竞标属性权重的确定

采购方(招标方)根据其对各供应商在线提交的标书中各竞标属性值的满意程度构建犹豫模糊评价决策矩阵 $\dot{H}$:

$$\dot{H} = [\dot{h}_{ij}]_{m\times n} = \begin{pmatrix} \dot{h}_{11} & \cdots & \cdots & \dot{h}_{1n} \\ \vdots & \ddots & & \vdots \\ \vdots & & \ddots & \vdots \\ \dot{h}_{m1} & \cdots & \cdots & \dot{h}_{mn} \end{pmatrix} \tag{5.5}$$

其中，$\dot{h}_{ij} = \{\dot{h}_{ij}^1, \dot{h}_{ij}^2, \cdots, \dot{h}_{ij}^{\delta\{l\}}\}$。

按照定义 5.1 的犹豫模糊数拓展方法(基于现实情形，假定采购者是风险厌恶的)，可以得到规范化的犹豫模糊评价决策矩阵 H:

$$H = [h_{ij}]_{m\times n} = \begin{pmatrix} h_{11} & \cdots & \cdots & h_{1n} \\ \vdots & \ddots & & \vdots \\ \vdots & & \ddots & \vdots \\ h_{m1} & \cdots & \cdots & h_{mn} \end{pmatrix} \tag{5.6}$$

其中，$h_{ij} = \{h_{ij}^1, h_{ij}^2, \cdots, h_{ij}^{\delta\{l\}}\}$。

接下来，基于规范化的犹豫模糊评价决策矩阵 H，采用最大偏差法确定各竞标属性的相对权重。

针对属性 G_j，竞标方案 A_i 相对于其他方案的总偏差可以表示为

$$D_{ij} = \sum_{k=1}^{m} d(h_{ij}, h_{kj}),\ i \in I,\ j \in J \tag{5.7}$$

其中，$d(h_{ij}, h_{kj})$表示定义 5.2 中 h_{ij}与 h_{kj}之间的犹豫模糊距离。

属性 G_j 下各投标备选方案相对于其他备选方案的总偏差值为

$$D_j = \sum_{i=1}^{m}\sum_{k=1}^{m} d(h_{ij}, h_{kj}),\ i \in I,\ j \in J \tag{5.8}$$

基于以上分析，可以使用犹豫模糊离差最大化方法(HF-MDM)来计算竞标属性的权重，公式为

$$\omega_j = \frac{D_j}{\sum_{j=1}^{n} D_j} = \frac{\sum_{i=1}^{m}\sum_{k=1}^{m} d(h_{ij},\ h_{kj})}{\sum_{j=1}^{n}\sum_{i=1}^{m}\sum_{k=1}^{m} d(h_{ij},\ h_{kj})} \tag{5.9}$$

通过上述计算，可得到权重值向量 $\omega=(\omega_1,\ \omega_2,\ \cdots,\ \omega_n)$，表示各竞标评价属性的相对重要性，并且它们将作为第 5.4.3 节模型 Model-1 的输入参数值，用于求解后续的决策制定问题。

5.4.3 获胜供应商确定及其数量分配

根据第 5.4.2 节获得评价属性的权重，结合第 5.4.1 节得到的初始评价矩阵信息，本节将具体介绍投标供应商的赢者确定与数量分配决策方法。基于问题描述，本书首先建立了一个模糊双目标混合 0-1 整数规划模型 Model-1，具体数学表达式如下：

Model-1：

$$\max Z = \sum_{i=1}^{m}\sum_{j=1}^{n} q_i \tilde{e}_{ij}\omega_j \tag{5.10}$$

$$\min Y = \sum_{i=1}^{m} (x_i g_0 + \tilde{b}_{i1} q_i) \tag{5.11}$$

$$\text{s.t.} \sum_{i=1}^{m} (x_i g_0 + \tilde{b}_{i1} q_i) \leqslant \hat{B} \tag{5.12}$$

$$\sum_{i=1}^{m} q_i = Q \tag{5.13}$$

$$0 \leqslant q_i \leqslant c_i x_i,\ i=1,\ 2,\ \cdots,\ m \tag{5.14}$$

$$\sum_{i=1}^{m} x_i = N \tag{5.15}$$

$$g_0 \in R^{+} \tag{5.16}$$

$$x_i \in \{0,\ 1\},\ i=1,\ 2,\ \cdots,\ m \tag{5.17}$$

Model-1 中符号的概念及含义见表 5.1。$\tilde{e}_{ij}$可以由式(5.4)得到，$\tilde{b}_{i1}$表示初始评价矩阵$\tilde{B}$ 中显示的竞标价格。接下来，详细介绍 Model-1 中目标函数与约束条件的含义。

式(5.10)定义的第一个目标函数 Z 是最大化 OMSMARA 中采购方(拍卖者)购买产品的总采购价值。式(5.11)定义的第二个目标函数 Y 旨在最小化 OMSMARA 的采购总成本。约束式(5.12)表示采购方的预算约束，其中$\hat{B}$表示总预算。约束式(5.13)表示从供应商处采购的总数量等于采购方的总需求。约束式(5.14)表示如果供应商 i 成为一位赢家，即 $x_i=1$，则采购方从该供应商订购的产品数量 q_i 不超过供应商 i 的生产能力；如果 $x_i=0$，则表示该供应商未被选中。约束式(5.15)表示在采购拍卖中获胜的供应商最多。约束式(5.16)表示，如果从供应商 i 处购买一定数量的产品，则采购方产生的固定设置成本为正常数 g_0。约束式(5.17)表示 x_i 是 0~1 决策变量。

由于在 Model-1 中两个目标函数和约束式(5.12)中存在模糊数$\tilde{e}_{ij}$和$\tilde{b}_{i1}$，需要先将 Model-1 转换成相应的精确等价模型，以便于求解。参考 Wan 等[164]处理带有梯形模糊数的优化问题模型的方法，可将 Model-1 转换成一个精确的多目标混合 0-1 整数规划模型 Model-2，具体如下：

Model-2：

$$\min Z_1 = \sum_{i=1}^{m}\left[q_i \sum_{j=1}^{n}(e_{ij}^2 - e_{ij}^1)\omega_j\right] \tag{5.18}$$

$$\max Z_1 = \sum_{i=1}^{m}\left[q_i \sum_{j=1}^{n}(e_{ij}^2\omega_j)\right] \tag{5.19}$$

$$\max Z_3 = \sum_{i=1}^{m}\left[q_i \sum_{j=1}^{n}\left(\frac{e_{ij}^2 + e_{ij}^3}{2}\right)\omega_j\right] \tag{5.20}$$

$$\max Z_4 = \sum_{i=1}^{m}\left[q_i \sum_{j=1}^{n}(e_{ij}^4 - e_{ij}^3)\omega_j\right] \tag{5.21}$$

$$\max Y_1 = \sum_{i=1}^{m}\left[q_i(b_{i1}^2 - b_{i1}^1)\right] + \sum_{i=1}^{m}(g_0 x_i) \tag{5.22}$$

$$\min Y_2 = \sum_{i=1}^{m}\left[q_i\left(\frac{b_{i1}^3 + b_{i1}^2}{2}\right)\right] + \sum_{i=1}^{m}(g_0 x_i) \tag{5.23}$$

$$\min Y_3 = \sum_{i=1}^{m}(q_i b_{i1}^2) + \sum_{i=1}^{m}(g_0 x_i) \tag{5.24}$$

$$\min Y_4 = \sum_{i=1}^{m}\left[q_i(b_{i1}^4 - b_{i1}^3)\right] + \sum_{i=1}^{m}(g_0 x_i) \tag{5.25}$$

$$\text{s. t.}\ \sum_{i=1}^{m}\left[x_i g_0 + \left(\frac{b_{i1}^1 + 2b_{i1}^2 + 2b_{i1}^3 + b_{i1}^4}{6}\right)q_i\right] \leqslant \hat{B} \tag{5.26}$$

$$\sum_{i=1}^{m} q_i = Q \tag{5.27}$$

$$0 \leqslant q_i \leqslant c_i x_i, \quad i=1, 2, \cdots, m \tag{5.28}$$

$$\sum_{i=1}^{m} x_i = N \tag{5.29}$$

$$g_0 \in R^+$$

$$x_i \in \{0, 1\}; \quad i=1, 2, \cdots, m \tag{5.30}$$

由于 Model-2 中存在多个目标函数，常常会出现多个最优解，一般称为帕雷托(Pareto)最优解。根据文献[86]可知，加权综合准则法(Weighted Comprehensive Criteria Method, WCCM)是求解多目标规划模型的较好选择。因其具有执行简单、帕累托解数量多、效率高的优点，故本章采用 WCCM 将 Model-2 中多目标函数综合成一个规范化的单目标函数。具体 WCCM 求解多目标模型 Model-2 的过程如下：

首先，对 Z_1、Z_2、Z_3、Z_4 四个目标函数进行规范化处理：

$$F_1 = \frac{Z_1 - Z_{1,\min}}{Z_{1,\min}} \tag{5.31}$$

其中，$Z_{1,\min}$表示在相同约束式(5.26)至式(5.30)条件下求解子问题($\min Z_1$)得到的最优值。

$$F_i = \frac{Z_{i,\max} - Z_i}{Z_{i,\max}}, \quad i=2, 3, 4 \tag{5.32}$$

其中，$Z_{2,\max}$、$Z_{3,\max}$、$Z_{4,\max}$分别表示在相同约束式(5.26)至式(5.30)条件下求解子问题($\max Z_2$、$\max Z_3$、$\max Z_4$)得到的最优值。

其次，对 Y_1、Y_2、Y_3、Y_4 四个目标函数进行规范化处理：

$$U_1 = \frac{Y_{1,\max} - Y_1}{Y_{1,\max}} \tag{5.33}$$

其中，$Y_{1,\max}$表示在相同约束式(5.26)至式(5.30)条件下求解子问题($\max Y_1$)得到的最优值。

$$U_i = \frac{Y_i - Y_{i,\min}}{Y_{i,\min}}, \quad i=2, 3, 4 \tag{5.34}$$

其中，$Y_{2,\min}$，$Y_{3,\min}$，$Y_{4,\min}$分别表示在相同约束式(5.26)至式(5.30)条件下求解子问题($\min Y_2$，$\min Y_3$，$\min Y_4$)得到的最优值。

接下来，将上述八个标准化的目标函数进行加权综合，转化成一个目标函数，构建单目标优化模型 Model-3：

Model-3：

$$\min V=\beta_1 F_1+\beta_2 F_2+\beta_3 F_3+\beta_4 F_4+\mu_1 U_1+\mu_2 U_2+\mu_3 U_3+\mu_4 U_4 \tag{5.35}$$

$$\text{s. t. 式(5. 26)～式(5. 30)} \tag{5.36}$$

其中，β_1，β_2，β_3，β_4，μ_1，μ_2，μ_3，μ_4 分别是采购方决定的八个子目标的权重，且满足：$\beta_1+\beta_2+\beta_3+\beta_4+\mu_1+\mu_2+\mu_3+\mu_4=1$，$\beta_i>0$，$\mu_i>0$，$i=1$，2，3，4。本章将参照 Wang 和 Dong[164] 的方法，给定八组 β_i，μ_i 构成的权重组合来观察相关结果的变化情况。

根据以上分析，可以通过求解模型 Model-2 和 Model-3 等价地代替求解模型 Model-1。综上，本书提出的 OMSMARA 问题决策方法框架的主要步骤如下：

第 1 步，采购方（招标者）宣布采购拍卖，并提供采购物品的基本信息和要求；然后供应商在线提交投标书 A_i；随后，采购方收集供应商的投标信息，形成初始评标矩阵 $\tilde{B}=[\tilde{b}_{ij}]_{m\times n}$，其中 $\tilde{b}_{ij}$ 为梯形模糊数（TrFN）。

第 2 步，对 $\tilde{B}$ 进行规范化，得到规范化的评价矩阵 $\tilde{E}$。

第 3 步，对采购方来说，投标方案 A_i 中的属性值满足每个属性 G_j 理想值的满意度（或隶属度）可能在[0，1]的几个不同值之间存在犹豫。因此，采购方给出犹豫模糊决策矩阵 $\dot{H}=[\dot{h}_{ij}]_{m\times n}$，其中 $\dot{h}_{ij}$ 为犹豫模糊数（HFE），用于投标属性值满意度的评价。

第 4 步，对 $\dot{H}$ 进行规范化，得到规范化犹豫模糊决策矩阵 $H=[h_{ij}]_{m\times n}$。

第 5 步，基于 HF-MDM，根据式（5. 7）至式（5. 9）确定评价属性的权重向量。

第 6 步，构造模糊双目标混合 0-1 整数规划模型 Model-1。

第 7 步，将 Model-1 转换为精确的多目标混合 0-1 整数规划模型 Model-2，然后分别求解相同约束条件式（5. 26）至式（5. 30）下的八个子问题（$\min Z_1$，$\max Z_2$，$\max Z_3$，$\max Z_4$，$\max Y_1$，$\min Y_2$，$\min Y_3$，$\min Y_4$），得到各自的最优解。

第 8 步，通过 WCCM 将四个目标函数规范化为一个目标函数，构造模型 Model-3，用于确定最后的获胜供应商和相应的数量分配。

第 9 步，采购方公布拍卖结果，并与中标供应商签订采购协议，整个 OMSMARA 结束。

5.5 数值算例

假设有一家风险厌恶的制造企业（采购方）希望通过在线反向拍卖方式采购一定数量的某种可分割产品（如化石原料），并通过第三方拍卖平台在线发布相关采购信息，同时对采购产品相关属性的基本要求进行简单描述。假定在规定的拍卖时间内，5 家供应商参与了网上投标。为了选择最佳投标方案（即采购最佳原料），采购方基于行业专家意见及自身采购经验最终确定了四个竞标评价属性，即 G_1、G_2、G_3、G_4，分别表示产品定价（$\tilde{p}_i$，美元/kg）、产品可能交货延迟时间（$\tilde{t}_i$，天）、产品保质期（$\tilde{w}_i$，月）与产品售后服务水平（$\tilde{s}_i$，百分制分数）。同时，供应商存在各自的产能限制，采购方从某供应商 i 的订购量不能超过其最大产能 c_i。假定整个 OMSMARA 过程符合第 5.3 节的假设条件。相关参数设置见表 5.2。

表 5.2 相关参数设置

参数	数值	参数	数值	参数	数值
I	{1，2，3，4，5}	ρ	0	c_1	300
J	{1，2，3，4}	α	0.5	c_2	250
J^B	{3，4}	λ	1	c_3	300
J^C	{1，2}	β_i	0.125	c_4	250
Q	1000	μ_i	0.125	c_5	300
N	4	g_0	20	$\hat{B}$	8000

OMSMARA 中赢者确定与数量分配的决策制定过程如下：

第 1 步，采购方收集供应商的投标信息，形成初始评价矩阵 $\tilde{B}$，见表 5.3。

表 5.3　初始评标矩阵 $\tilde{B}$

	$G_1(\tilde{p}_i)$	$G_2(\tilde{t}_i)$	$G_3(\tilde{w}_i)$	$G_4(\tilde{s}_i)$
$A_1(S_1)$	[5, 6, 7, 8]	[1, 2, 3, 4]	[8, 9, 10, 11]	[90, 91, 92, 93]
$A_2(S_2)$	[6, 7, 8, 9]	[2, 3, 4, 5]	[10, 11, 12, 13]	[89, 90, 91, 92]
$A_3(S_3)$	[6, 7, 8, 9]	[2, 3, 4, 5]	[8, 9, 10, 11]	[90, 91, 93, 94]
$A_4(S_4)$	[4, 5, 6, 7]	[1, 2, 4, 5]	[10, 12, 13, 14]	[92, 93, 94, 95]
$A_5(S_5)$	[4, 5, 6, 7]	[1, 3, 4, 5]	[10, 11, 12, 13]	[90, 91, 93, 94]

第 2 步，对 $\tilde{B}$ 进行规范化，得到规范化的评价矩阵 $\tilde{E}$，见表 5.4。

表 5.4　规范化评标矩阵 $\tilde{E}$

	$G_1(\tilde{p}_i)$	$G_2(\tilde{t}_i)$	$G_3(\tilde{w}_i)$	$G_4(\tilde{s}_i)$
$A_1(S_1)$	[0.1674, 0.1913, 0.2232, 0.2679]	[0.1127, 0.1503, 0.2255, 0.4510]	[0.1630, 0.1834, 0.2037, 0.2241]	[0.2189, 0.2214, 0.2238, 0.2262]
$A_2(S_2)$	[0.1488, 0.1674, 0.1913, 0.2232]	[0.0902, 0.1127, 0.1503, 0.2255]	[0.2037, 0.2241, 0.2445, 0.2649]	[0.2165, 0.2189, 0.2214, 0.2238]
$A_3(S_3)$	[0.1488, 0.1674, 0.1913, 0.2232]	[0.0902, 0.1127, 0.1503, 0.2255]	[0.1630, 0.1834, 0.2037, 0.2241]	[0.2189, 0.2214, 0.2262, 0.2287]
$A_4(S_4)$	[0.1913, 0.2232, 0.2679, 0.3348]	[0.0902, 0.1127, 0.2255, 0.4510]	[0.2037, 0.2445, 0.2649, 0.2852]	[0.2238, 0.2262, 0.2287, 0.2311]
$A_5(S_5)$	[0.1913, 0.2232, 0.2679, 0.3348]	[0.0902, 0.1127, 0.1503, 0.4510]	[0.2037, 0.2241, 0.2445, 0.2649]	[0.2189, 0.2214, 0.2262, 0.2287]

第 3 步，根据供应商投标信息，采购方构建初始犹豫模糊决策矩阵 $\dot{H}$，见表 5.5。

表 5.5　初始犹豫模糊决策矩阵 $\dot{H}$

	$G_1(\tilde{p}_i)$	$G_2(\tilde{t}_i)$	$G_3(\tilde{w}_i)$	$G_4(\tilde{s}_i)$
$A_1(S_1)$	{0.4, 0.5}	{0.6, 0.7}	{0.3, 0.4}	{0.3, 0.4, 0.5}
$A_2(S_2)$	{0.3, 0.4}	{0.3, 0.4, 0.5}	{0.4, 0.6, 0.7}	{0.4, 0.5, 0.6}
$A_3(S_3)$	{0.3, 0.4}	{0.3, 0.4, 0.5}	{0.3, 0.4}	{0.5, 0.6}
$A_4(S_4)$	{0.6, 0.8}	{0.3, 0.5}	{0.6, 0.7, 0.8}	{0.6, 0.7}
$A_5(S_5)$	{0.6, 0.8}	{0.2, 0.3, 0.4}	{0.4, 0.6, 0.7}	{0.5, 0.6}

第 4 步，用定义 5.1 中的方法对 $\dot{H}$ 进行规范化处理(由于采购方通常是风险厌恶的，故这里取 $\rho=0$)，得到归一化犹豫模糊决策矩阵 H，见表 5.6。

表 5.6 规范化的犹豫模糊决策矩阵 H

	$G_1(\tilde{p}_i)$	$G_2(\tilde{t}_i)$	$G_3(\tilde{w}_i)$	$G_4(\tilde{s}_i)$
$A_1(S_1)$	{0.4, 0.5}	{0.6, 0.6, 0.7}	{0.3, 0.3, 0.4}	{0.3, 0.4, 0.5}
$A_2(S_2)$	{0.3, 0.4}	{0.3, 0.4, 0.5}	{0.4, 0.6, 0.7}	{0.4, 0.5, 0.6}
$A_3(S_3)$	{0.3, 0.4}	{0.3, 0.4, 0.5}	{0.3, 0.3, 0.4}	{0.5, 0.5, 0.6}
$A_4(S_4)$	{0.6, 0.8}	{0.3, 0.3, 0.5}	{0.6, 0.7, 0.8}	{0.6, 0.6, 0.7}
$A_5(S_5)$	{0.6, 0.8}	{0.2, 0.3, 0.4}	{0.4, 0.6, 0.7}	{0.5, 0.5, 0.6}

第 5 步，根据式(5.5)至式(5.9)，采用 HF-MDM 方法，计算属性 G_1、G_2、G_3、G_4 的权重向量 $\omega=(\omega_1,\ \omega_2,\ \omega_3,\ \omega_4)$。

经计算可得 $\omega=(\omega_1,\ \omega_2,\ \omega_3,\ \omega_4)=(0.3103,\ 0.2276,\ 0.2897,\ 0.1724)$。

第 6 步，构建模糊双目标混合 0-1 整数规划模型，记为 Model-1，表达式如下：

Model-1：

$$\max Z = \sum_{i=1}^{5} \sum_{j=1}^{4} q_i\ \tilde{e}_{ij}\omega_j \tag{5.37}$$

$$\min Y = \sum_{i=1}^{5} (x_i g_0 + \tilde{b}_{i1} q_i) \tag{5.38}$$

$$\text{s.t.} \sum_{i=1}^{5} (x_i g_0 + \tilde{b}_{i1} q_i) \leqslant \hat{B} \tag{5.39}$$

$$\sum_{i=1}^{5} q_i = Q \tag{5.40}$$

$$0 \leqslant q_i \leqslant c_i x_i \tag{5.41}$$

$$\sum_{i=1}^{5} x_i = N \tag{5.42}$$

$$x_i \in \{0,\ 1\},\ i=1,\ 2,\ \cdots,\ 5 \tag{5.43}$$

式(5.37)中，$\tilde{e}_{ij}=[e_{ij}^1,\ e_{ij}^2,\ e_{ij}^3,\ e_{ij}^4]$ 的数值见表 5.4。式(5.38)中，$\tilde{b}_{i1}=[b_{i1}^1,\ b_{i1}^2,\ b_{i1}^3,\ b_{i1}^4]$的数值见表 5.3。

第 7 步，将 Model-1 转换为多目标模糊混合 0-1 整数规划模型 Model-2，然后分别求解相同约束条件下的 8 个子问题（min Z_1，max Z_2，max Z_3，max Z_4，max Y_1，min Y_2，min Y_3，min Y_4），得到它们的最优解与最优值。Model-2 数学表达式如下：

Model-2：

$$\min Z_1 = \sum_{i=1}^{5}\left[q_i \sum_{j=1}^{4}(e_{ij}^2 - e_{ij}^1)\omega_j\right] \tag{5.44}$$

$$\max Z_1 = \sum_{i=1}^{5}\left[q_i \sum_{j=1}^{4}(e_{ij}^2\omega_j)\right] \tag{5.45}$$

$$\max Z_3 = \sum_{i=1}^{5}\left[q_i \sum_{j=1}^{4}\left(\frac{e_{ij}^2 + e_{ij}^3}{2}\right)\omega_j\right] \tag{5.46}$$

$$\max Z_4 = \sum_{i=1}^{5}\left[q_i \sum_{j=1}^{4}(e_{ij}^4 - e_{ij}^3)\omega_j\right] \tag{5.47}$$

$$\max Y_1 = \sum_{i=1}^{5}[q_i(b_{i1}^2 - b_{i1}^1)] + \sum_{i=1}^{5}(20x_i) \tag{5.48}$$

$$\min Y_2 = \sum_{i=1}^{5}\left[q_i\left(\frac{b_{i1}^3 + b_{i1}^2}{2}\right)\right] + \sum_{i=1}^{5}(20x_i) \tag{5.49}$$

$$\min Y_3 = \sum_{i=1}^{5}(q_i b_{i1}^2) + \sum_{i=1}^{5}(20x_i) \tag{5.50}$$

$$\min Y_4 = \sum_{i=1}^{5}[q_i(b_{i1}^4 - b_{i1}^3)] + \sum_{i=1}^{5}(20x_i) \tag{5.51}$$

$$\text{s. t.} \sum_{i=1}^{5}\left[20x_i + \left(\frac{b_{i1}^1 + 2b_{i1}^2 + 2b_{i1}^3 + b_{i1}^4}{6}\right)q_i\right] \leqslant 8000 \tag{5.52}$$

$$\sum_{i=1}^{5} q_i = 1000 \tag{5.53}$$

$$\sum_{i=1}^{5} x_i \leqslant 4 \tag{5.54}$$

$$0 \leqslant q_1 \leqslant 300x_1 \tag{5.55}$$

$$0 \leqslant q_2 \leqslant 250x_2 \tag{5.56}$$

$$0 \leqslant q_3 \leqslant 300x_3 \tag{5.57}$$

$$0 \leqslant q_4 \leqslant 250x_4 \tag{5.58}$$

$$0 \leqslant q_5 \leqslant 300x_5 \tag{5.59}$$

$$x_i \in \{0, 1\},\ i=1, 2, \cdots, 5 \tag{5.60}$$

通过求解 Model-2 中 8 个子问题，分别得到它们的最优解与最优值，具体计算结果见表 5.7。

第 8 步，采用 WCCM 方法将 8 个目标函数综合成一个目标函数，将 Model-2 转化为模型 Model-3，然后求解 Model-3 以确定中标供应商及其相应的数量分配。Model-3 的数学表达式如下：

Model-3：

$$\min V=\beta_1 F_1+\beta_2 F_2+\beta_3 F_3+\beta_4 F_4+\mu_1 U_1+\mu_2 U_2+\mu_3 U_3+\mu_4 U_4 \tag{5.61}$$

$$\text{s.t. 式(5.52)} \sim \text{(5.60)} \tag{5.62}$$

其中，F_i 和 U_i 分别如式(5.31)和式(5.32)、式(5.33)和式(5.34)所示。

接下来，在 MATLAB R2017a 中利用 YALMIP 优化工具包来求解 Model-2 和 Model-3。计算结果(当 $\lambda=1$，$\alpha=0.5$ 时)见表 5.7。

表 5.7　Model-2 和 Model-3 的求解结果(当 $\lambda=1$，$\alpha=0.5$ 时)

		Z_1 (x_i/q_i)	Z_2 (x_i/q_i)	Z_3 (x_i/q_i)	Z_4 (x_i/q_i)	Y_1 (x_i/q_i)	Y_2 (x_i/q_i)	Y_3 (x_i/q_i)	Y_4 (x_i/q_i)	V (x_i/q_i)
最优解	$A_1(S_1)$	1/150	1/300	1/300	1/300	1/300	1/300	1/300	1/300	1/300
	$A_2(S_2)$	1/250	1/150	1/150	0/0	1/250	1/150	1/150	1/100	1/150
	$A_3(S_3)$	1/300	0/0	0/0	1/150	1/300	0/0	0/0	1/300	0/0
	$A_4(S_4)$	0/0	1/250	1/250	1/250	0/0	1/250	1/250	0/0	1/250
	$A_5(S_5)$	1/300	1/300	1/300	1/300	1/150	1/300	1/300	1/300	1/300
最优值		19.2294	193.0836	209.864	74.7148	1080	6180	6680	1080	0.02125

本章中出现的“最优值”和“最优解”均表示“帕累托最优”。

5.6 敏感性分析

本小节主要探究模型参数的变化对属性权重以及问题模型最优解的影响。

5.6.1 参数λ，α 的变化对竞标属性权重的影响

为了观察参数λ，α 对竞标属性权重的影响，本小节分别取$\lambda=1$，2，

4，6，10 和α =0，0.5，1 进行组合计算，计算结果见表 5.8。

表 5.8　权重向量ω =(ω_1，ω_2，ω_3，ω_4)的变化情况

	$\alpha=0$	$\alpha=0.5$	$\alpha=1$
$\lambda=1$	(0.3000，0.2250，0.3000，0.1750)	(0.3103，0.2276，0.2897，0.1724)	(0.3231，0.2308，0.2769，0.1692)
$\lambda=2$	(0.3000，0.2250，0.3000，0.1750)	(0.3052，0.2281，0.2927，0.1740)	(0.3129，0.2321，0.2825，0.1725)
$\lambda=4$	(0.3000，0.2250，0.3000，0.1750)	(0.3015，0.2271，0.2964，0.1749)	(0.3043，0.2301，0.2910，0.1746)
$\lambda=6$	(0.3000，0.2250，0.3000，0.1750)	(0.3004，0.2265，0.2979，0.1752)	(0.3012，0.2287，0.2947，0.1754)
$\lambda=10$	(0.3000，0.2250，0.3000，0.1750)	(0.2998，0.2260，0.2989，0.1753)	(0.2997，0.2273，0.2972，0.1758)

为了更直观地展示属性权重的变化情况，现给出三维图(图 5.2)：

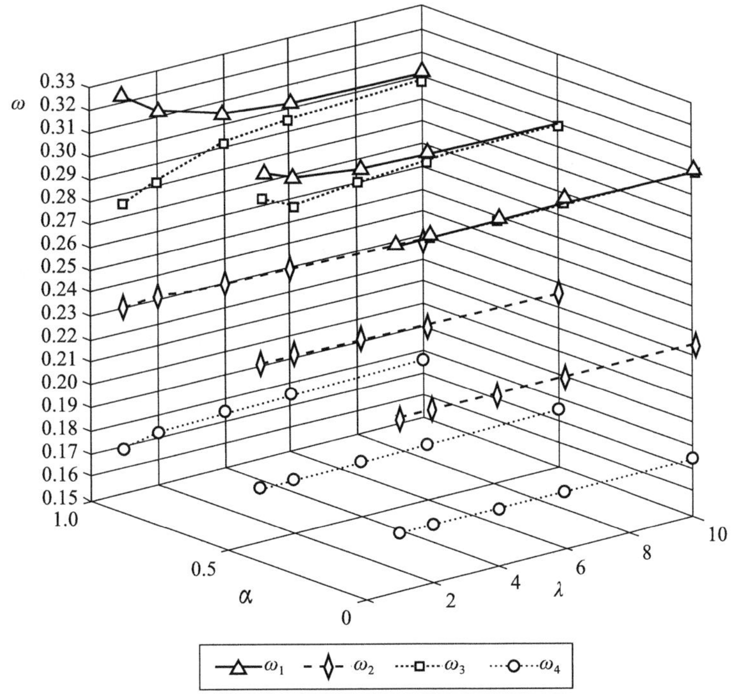

图 5.2　属性权重ω_1，ω_2，ω_3，ω_4的变化趋势

由表 5.8 和图 5.2 可以发现：

(1)当 $\alpha=0$ 时，权重向量 ω 不随 λ 的变化而变化；当 $\alpha=0.5$ 或 1 时，ω_1 减少，ω_2 先增加然后减少，而 ω_3 和 ω_4 增加。

(2)当 $\lambda=1$，2，4，6 时，随着 α 的增大，ω_1 和 ω_2 增大，ω_3 和 ω_4 减小；然而，当 $\lambda=10$ 时，ω_2 和 ω_4 增加，而 ω_1 和 ω_3 减少。

由以上发现可知，不同的测度系数 λ 会影响权重向量 ω 的取值，不同的采购者距离偏好系数 α 也会改变权重向量 ω 的值。采购商可以根据自己的实际情况和偏好灵活选择参数，确定合适的竞标属性权重向量。

5.6.2 属性权重向量 ω 的变化对 Model-3 最优解的影响

本小节主要探究不同属性权重向量(表 5.9 中的 11 种不同权重向量结果)对 Model-3 最优解的影响(max Y_1、min Y_2、min Y_3、min Y_4 四个子目标与属性权重向量 ω 无关，故与它们相关的最优结果保持不变)。具体的计算结果见表 5.9。

表 5.9 $\omega=(\omega_1, \omega_2, \omega_3, \omega_4)$ 变化对 Model-3 最优解的影响

ω	minZ_1	maxZ_2	maxZ_3	maxZ_4	min$V$	(q_1, q_2, q_3, q_4, q_5)
(0.3000, 0.2250, 0.3000, 0.1750)-1	19.1408	193.4599	210.0669	73.7783	0.021379	(300, 150, 0, 250, 300)
(0.3103, 0.2276, 0.2897, 0.1724)-2	19.2294	193.0836	209.864	74.7148	0.021254	(300, 150, 0, 250, 300)
(0.3231, 0.2308, 0.2769, 0.1692)-3	19.3390	192.6191	209.6138	75.8717	0.021099	(300, 150, 0, 250, 300)
(0.3052, 0.2281, 0.2927, 0.1740)-4	19.1877	193.1053	209.8394	74.6121	0.02125	(300, 150, 0, 250, 300)
(0.3129, 0.2321, 0.2825, 0.1725)-5	19.2551	192.6351	209.5436	75.7261	0.021122	(300, 150, 0, 250, 300)
(0.3015, 0.2271, 0.2964, 0.1749)-6	19.1541	193.2247	209.8943	74.2607	0.021316	(300, 150, 0, 250, 300)
(0.3043, 0.2301, 0.2910, 0.1746)-7	19.1830	192.9330	209.7014	74.9805	0.021224	(300, 150, 0, 250, 300)

续表

ω	$\min Z_1$	$\max Z_2$	$\max Z_3$	$\max Z_4$	$\min V$	$(q_1, q_2, q_3, q_4, q_5)$
(0.3004, 0.2265, 0.2979, 0.1752)-8	19.1408	193.4599	210.0669	73.7783	0.021379	(300, 150, 0, 250, 300)
(0.3012, 0.2287, 0.2947, 0.1754)-9	19.1533	193.1038	209.8053	74.5716	0.021276	(300, 150, 0, 250, 300)
(0.2998, 0.2260, 0.2989, 0.1753)-10	19.1391	193.3708	209.9971	73.9711	0.021354	(300, 150, 0, 250, 300)
(0.2997, 0.2273, 0.2972, 0.1758)-11	19.1356	193.2537	209.9056	74.2253	0.021317	(300, 150, 0, 250, 300)

为了更加直观地展示模型的最优值随着 ω 的变化趋势，给出图 5.3。

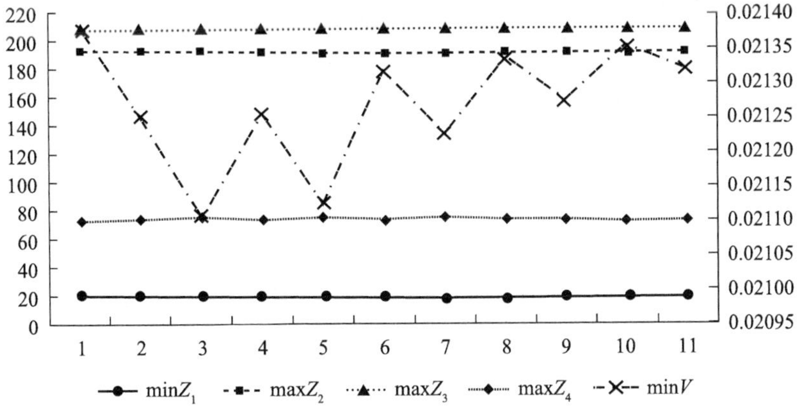

图 5.3　模型的最优值随 $\omega=(\omega_1, \omega_2, \omega_3, \omega_4)$ 的变化趋势

由表 5.9 和图 5.3 可以发现：

(1) 目标函数 Z_1，Z_2，Z_3，Z_4 的最优值随 ω 的变化而变化，但变化幅度很小。

(2) 当 $\omega=(0.3231, 0.2308, 0.2769, 0.1692)$（即 $\alpha=1$，$\lambda=1$）时，$\max Z_4$ 的取值最大，$\min V$ 的取值最小，表明在犹豫模糊环境下，决策者的距离偏好选择 Hamming 距离时可以提高决策的准确性。

(3) 最优供应商选择和数量分配的决策方案均为：$x=(1, 1, 0, 1, 1)$，$q=(300, 150, 0, 250, 300)$。这说明本章提出的决策方法框架在解决 OMSMARA 问题上具有一定的稳健性。

5.6.3 子目标权重组合(β，μ)的变化对 Model-3 最优解的影响

本小节主要探究不同子目标权重组合(β，μ)对 Model-3 最优解的影响。计算结果见表 5.10。

由表 5.10 可以发现：

在 Model-3 中，前四个子目标比后四个子目标对子目标权重组合(β，μ)的变化更为敏感。前四个子目标等价对应初始 Model-1 中的第一个目标，即采购总价值最大化，间接说明了在反向采购拍卖中，在满足相关约束条件的情况下，采购者更倾向于考虑最大化自己的采购价值，这也与实际的采购拍卖活动相符。

表 5.10 权重组合值(β，μ)变化对 Model-3 最优解的影响

(β, μ)	(x_1, x_2, x_3, x_4, x_5)	(q_1, q_2, q_3, q_4, q_5)	min$V$
(1/8，1/8，1/8，1/8，1/8，1/8，1/8，1/8)	(1，1，0，1，1)	(300，150，0，250，300)	0.021254
(1/4，1/4，1/4，1/4，0，0，0，0)	(1，1，0，1，1)	(300，150，0，250，300)	0.042507
(0，0，0，0，1/4，1/4，1/4，1/4)	(1，0，1，1，1)	(300，0，150，250，300)	9.107×10^{-18}
(0，1/2，1/2，0，0，0，0，0)	(1，1，0，1，1)	(300，150，0，250，300)	6.87×10^{-8}
(0，0，0，0，0，1/2，1/2，0)	(1，1，0，1，1)	(300，150，0，250，300)	1.11E-16
(1/6，2/6，2/6，1/6，0，0，0，0)	(1，1，0，1，1)	(300，150，0，250，300)	0.0283
(0，0，0，0，1/6，2/6，2/6，1/6)	(1，0，1，1，1)	(300，0，150，250，300)	9.02×10^{-17}
(1/16，3/16，3/16，1/16，1/16，3/16，3/16，1/16)	(1，1，0，1，1)	(300，150，0，250，300)	0.0106

5.7　对比分析

为了进一步说明本书所提决策方法框架的有效性和稳健性，分别使用 ε-约束方法和简单加权法(SAW)[39]对 5.5 节算例中的 OMSMARA 问题进行求解，然后进行结果的比较。为了便于比较，这里使用相同的参数设置(除了 β_i 和 μ_i)，见表 5.2。

5.7.1　SAW

求解本章算例的 SAW 和 ε-约束方法的数学模型表达式如下：

$$\min \hat{V}=w_1F_1+w_2F_2+w_3F_3+w_4F_4-w'_1U_1-w'_2U_2-w'_3U_3-w'_4U_4 \quad (5.63)$$

$$\text{s.t.} \sum_{i=1}^{4}(w_i+w'_i)=1,\ w_i,\ w'_i\geq 0,\ \text{式}(5.52)\sim\text{式}(5.60) \quad (5.64)$$

其中，w_1，…，w_4，w'_1，…，w'_4表示子目标的权重。

使用 SAW 求解本章 OMSMARA 问题的计算结果见表 5.11。

由表 5.11 可以看出：使用 SAW 求解时，当子目标的权重值变化时，最优分配结果存在一定的波动。尽管大多数结果与本章所提方法的结果相同，但总体来说，本书采用的方法对拍卖者(采购者)来说是更加稳健和可靠的。此外，将 SAW 的求解结果与表 5.7 中的求解结果进行比较可以看出，本章采用的方法可以得到较小的 Z_1 和较大的 Z_4，这说明本章采用的方法可以获得较高的采购价值，这进一步显示了本章提出的决策方法框架的优越性。

表 5.11　SAW 方法求解结果

(w_1, …, w_4, w'_1, …, w'_4)	(Z_1, Z_2, Z_3, Z_4)	(Y_1, Y_2, Y_3, Y_4)	(q_1, q_2, q_3, q_4, q_5)	$\min\hat{V}$
(1/8, 1/8, 1/8, 1/8, 1/8, 1/8, 1/8, 1/8)	(22.498, 193.084, 209.864, 74.712)	(1080, 6180, 6680, 1080)	(300, 150, 0, 250, 300)	-191.895
(1/4, 1/4, 1/4, 1/4, 0, 0, 0, 0)	(22.498, 193.084, 209.864, 74.712)	(1080, 6180, 6680, 1080)	(300, 150, 0, 250, 300)	-113.790

续表

$(w_1, \cdots, w_4, w'_1, \cdots, w'_4)$	(Z_1, Z_2, Z_3, Z_4)	(Y_1, Y_2, Y_3, Y_4)	$(q_1, q_2, q_3, q_4, q_5)$	$\min\hat{V}$
(0, 0, 0, 0, 1/4, 1/4, 1/4, 1/4)	(20.257, 181.904, 196.533, 51.553)	(1080, 6980, 7480, 1080)	(300, 250, 300, 150, 0)	-270
(0, 0, 0, 0, 0, 1/2, 1/2, 0)	(22.501, 191.380, 208.188, 74.715)	(1080, 6180, 6680, 1080)	(300, 0, 150, 250, 300)	0
(0, 1/2, 1/2, 0, 0, 0, 0, 0)	(22.498, 193.084, 209.864, 74.712)	(1080, 6180, 6680, 1080)	(300, 150, 0, 250, 300)	-201.474
(1/6, 2/6, 2/6, 1/6, 0, 0, 0, 0)	(22.498, 193.084, 209.864, 74.712)	(1080, 6180, 6680, 1080)	(300, 150, 0, 250, 300)	-143.018
(0, 0, 0, 0, 1/6, 2/6, 2/6, 1/6)	(20.257, 181.904, 196.533, 51.553)	(1080, 6980, 7480, 1080)	(300, 250, 300, 150, 0)	-180
(1/16, 3/16, 3/16, 1/16, 1/16, 3/16, 3/16, 1/16)	(22.498, 193.084, 209.864, 74.712)	(1080, 6180, 6680, 1080)	(300, 150, 0, 250, 300)	-146.316

5.7.2 ε-约束方法

$$\max \overline{V} = Z_3 \tag{5.65}$$

$$\text{s. t. } Z_1 \leqslant \varepsilon_1, \ Z_2 \geqslant \varepsilon_2, \ Z_4 \geqslant \varepsilon_4, \ Y_1 \geqslant \varepsilon'_1$$

$$Y_2 \leqslant \varepsilon'_2, \ Y_3 \leqslant \varepsilon'_3, \ Y_4 \leqslant \varepsilon'_4, \ \text{式}(5.52) \sim (5.60) \tag{5.66}$$

其中，Z_3 被视为主目标，ε_i 和 ε'_i是对其余子目标的新增约束。采用 ε-约束方法求解本章算例的计算结果，见表 5.12。

由表 5.12 可以发现，在使用 ε-约束方法求解算例的过程中，当该方法中的 ε_i 取值等于最优值(见表 5.7)时，其计算结果与本书相同。然而，当对应剩余子目标的 ε_i 和 ε'_i 取值发生改变时，ε-约束方法得到的最优分配结果就会出现一定程度的波动。这既说明了本章所提决策方法的有效性，又表明本章采用方法对 OMSMARA 实践中的采购方来说更加稳健可靠。

表 5.12　ε-约束方法的求解结果

$(\varepsilon_1, \varepsilon_2, \varepsilon_4, \varepsilon_1', \cdots, \varepsilon_4')$	(Z_1, Z_2, Z_4)	(Y_1, Y_2, Y_3, Y_4)	$(q_1, q_2, q_3, q_4, q_5)$	$\bar{V}=V_3$
(19.2294，193.0836，74.7148，1080，6980，7480，1080)	(22.4983，193.0836，74.7122)	(1080，6180，6680，1080)	(300，150，0，250，300)	209.8640
(19.2294，193.0836，74，1080，6980，7480，1080)	(22.4032，192.9976，74.0000)	(1080，6197，6681，1080)	(281，169，0，250，300)	209.6753
(19.2294，193.0836，74.7148，1080，6180，6680，1080)	(22.4983，193.0836，74.7148)	(1080，6180，6680，1080)	(300，150，0，250，300)	209.8639
(19.2294，193，74.7148，1080，6180，6680，1080)	(22.5009，191.3797，74.7148)	(1080，6180，6680，1080)	(300，0，150，250，300)	208.1875
(19.2294，193.0836，75，1080，6180，6680，1080)	(22.4983，193.0836，74.7122)	(1080，6180，6680，1080)	(300，150，0，250，300)	209.8639
(22，193，74.7148，1080，6180，6680，1080)	(22.4983，193.0836，74.7122)	(1080，6180，6680，1080)	(300，150，0，250，300)	209.8640
(22，200，74.7148，1080，6180，6680，1080)	(22.4983，193.0836，74.7122)	(1080，6180，6680，1080)	(300，150，0，250，300)	209.8640
(22，200，74.7148，1080，6980，7480，1080)	(22.4983，193.0836，74.7122)	(1080，6180，6680，1080)	(300，150，0，250，300)	209.8640
(19.2294，193.0836，75，1080，6980，7480，1080)	(22.4983，193.0836，74.7122)	(1080，6180，6680，1080)	(300，150，0，250，300)	209.8639
(19.2294，193.0836，74.7148，980，6180，6680，1080)	(22.5009，191.3797，74.7148)	(1080，6180，6680，1080)	(300，0，150，250，300)	208.1875
(19.2294，193.0836，74.7148，980，6980，7480，1080)	(22.4983，193.0836，74.7122)	(1080，6180，6680，1080)	(300，0，150，250，300)	209.8639

上述与两种不同方法求解结果的比较分析进一步说明，本章所提出的决策方法框架在解决混合不确定情形下 OMSMARA 问题时的可行性、有效性和稳健性。

5.8 本章小结

随着电子商务的兴起和快速发展，加之市场环境的复杂多变，OMARA日渐成为政府、企业或个人进行大规模采购时的优选工具，而探索相应的竞标评标决策方法则成为当前的一个研究热点。考虑到复杂不确定情境下单源采购拍卖可能带来的决策风险，本章重点研究了混合不确定情形下OMSMARA中的赢者确定及数量分配问题，提出了一个新的综合决策方法框架；然后，通过相关的数值算例展示所提出决策方法框架的实施步骤；最后，通过敏感性分析和对比分析，进一步证明本章所提出方法的有效性、适用性和稳健性。

本章工作对现有文献作出了以下贡献：①针对复杂市场环境中的各种不确定性，采用TrFN来表述竞标供应商的不确定的投标属性值信息。②首次将HFS理论应用到OMSMARA中，针对招标采购商在进行投标信息评估中出现的犹豫不定心理，用HFE来表征采购商对供应商投标方案中各种属性信息的满意程度。③基于犹豫模糊评价矩阵，采用犹豫模糊距离差最大化方法确定竞标评价属性的权重。④在进行相关决策制定时，综合考虑了采购者的多重偏好(决策者的距离偏好和目标权重偏好等)，并设计了一个综合的距离度量公式，使本书的决策方法更具灵活性。⑤在考虑供应商的产能约束、预算约束以及市场风险等各种不确定因素的情况下，建立了模糊多目标混合0-1整数规划模型及其转换优化模型，并给出具体的求解方法，以同时解决OMSMARA中的赢者确定和数量分配问题。

| 第6章 |

基于双层规划理论的不确定情形下OMSMARA双边协商决策

前几章分别研究了在投标信息存在不确定、属性重要性评价值存在不确定、风险态度发生变化等各种复杂混合不确定情形下 OMARA 中的赢者确定方法，以及 OMSMARA 中涉及的数量分配决策制定等问题。这些工作仅是站在采购者的角度静态地研究相关决策制定问题，没有涉及采供双方存在协商或交互情形的双边决策制定方面的研究。与此同时，由相关文献研究可以发现，双层规划理论也可以很好地处理上述涉及买卖双方交互协商的采购拍卖问题。为了补充与完善 OMARA 的研究内容，本章充分利用双层规划理论和模糊相关理论研究不确定情形下的 OMSMARA 双边协商决策制定问题，建立新的模糊混合整数双层规划（FMIBLP）模型，并给出一个基于增广模糊最小最大决策方法和粒子群算法（PSO）的双层分布迭代算法（PSO-BLDI），对模型进行求解。最后，通过数值算例说明本章问题模型的合理性与求解方法的适用性，并通过对比分析与敏感性分析说明模型求解算法的有效性和优越性。本章的研究工作可以为当前 OMSMARA 实践中的买卖双方提供一定的参考。

6.1　引言

传统的在线反向拍卖（ORA）研究多从采购商角度，根据投标供应商的投标价格进行中标者决策，但忽视了价格以外的许多非价格属性，如产品质量、交货期、需求量、供货能力、售后服务等，而这些属性会对投标结果产生不同程度的影响。因此，OMARA 研究得到了诸多学者的关注，并成为当前的一个研究热点[26,165]。

目前有关OMARA的研究大多是站在采购商角度，根据投标供应商的投标信息进行相关中标者的确定，很少考虑采购拍卖中可能存在的一些实际问题。例如：当供应商存在违约风险或产能约束时，传统确定单一获胜供应商(中标者)的模式就需要进行改进；当供应商存在相关利益诉求(即买卖双方存在协商谈判)时，该如何确定更合适的拍卖模型与求解方法。

为了解决上述现实问题，许多学者开展了相关研究并提出解决方法。Cheng[38]构建了带有协商谈判的反向拍卖双层分布规划模型，并给出了具体的求解算法与数值算例演示。但是，Cheng对问题模型的求解采用了枚举法，这在现实的复杂在线反向拍卖环境下难以达到较高的实用性和计算效率。为了增强模型的实用性和提高计算效率，Cheng等[151]又提出了一种结合遗传算法与收益管理的双层分布迭代方法，以解决密封多源反向拍卖决策问题，并通过仿真实验对所提出方法以及在不同参数设置下的计算效率进行评估。然而，该模型的求解算法设计过于复杂，不易被现实反向拍卖者理解与运用，故有必要对模型与算法进行改进。此外，在供应风险存在的情况下，李志鹏等[184]研究了双源采购批发单价拍卖的最优设计问题，发现与单源采购相比，双源采购拍卖增加了采购商和供应商的期望利润，而后分别针对报童及垄断环境进一步分析了双源采购拍卖下的双源采购价值，发现供应风险越高或投标人数越多时，双源采购价值越大。陈崇萍等[185]研究了当投标供应商产出随机及存在供应中断两种情形下的双源采购决策制定问题，建立了两种情况下制造商与两个供应商之间的博弈模型，并证明了在两种情况下制造商均存在最优订货量，而且供应商存在使自身利润最优的最佳生产量。扈衷权等[186]针对灾害事件发生的不确定性以及灾后应急物资需求的爆发式增长，设计了一个由政府主导的基于数量柔性契约的双源应急物资采购模型，并通过数理推导发现灾害事件发生概率、政府自身储备量以及现货市场采购价格会对双方决策产生重要影响，并研究了在不同条件下三个影响因素对政企双方最优决策的影响。然而，上述研究更多的只是针对均衡结果进行静态分析，未能考虑采购商与竞标供应商之间的协商互动，而且仅适用于双源采购情形，不宜用于解决更为一般性的多源反向拍卖(或称采购拍卖)问题。

对于多源反向拍卖的理论与应用，饶从军等[187]以电力行业中的电煤采购为实际背景，着力解决其中涉及的多属性多源采购决策问题，并设计了一种具有激励相容性和分配有效性的电煤多属性采购拍卖机制。董银红等[188]研究了突发事件背景下多源应急物资的采购与稳定供给问题，并考虑了供应中存在的不同风险对不同情景下物资采购订单分配的影响。上述研究拓展了多源反向拍卖的应用场景，但均是研究特定情景下的建模并进行分析，且未能体现采购者与投标供应商的交互协商过程。为了更好地解决更为一般性的多源反向拍卖相关决策制定问题，完善有关研究内容，本书构建了一个新的带有协商交互的在线多源多属性反向拍卖决策模型。在具体模型中，存在唯一的采购商作为上层决策者，通过调整各供应商的订量分配和交货时间来确定最终的中标供应商以及最佳的采购数量分配。同时，作为下层决策者的若干供应商根据上层采购商的分配量与交货指导时间，并结合他们的生产成本、产能约束，确定适当的投标价格，然后通过投标使采购商进行调整并做出新的数量分配方案。通过多轮交互协商，最终在一定的停止准则下达到满意(或近似最优)的拍卖结果。此外，基于 Lessan 等[166]、Zhang 等[167]的研究，采购成本与交货时间是采购企业实现精益生产目标的两个最重要的影响因素，也是供应商投标决策的重要影响因素。此外，在多源采购拍卖中，需求数量也是十分重要的影响因素，会对采购商的数量分配以及供应商的投标决策产生一定的影响，故本章在构建 FMIBLP 反向拍卖模型时充分考虑了上述几个重要影响因素。

由于复杂拍卖市场环境的存在，各种不确定因素不断增多，投标过程中的一些信息可能不宜用精确数值进行表述，而用区间或者类型模糊数进行刻画更加合理[151,159,189]。本书综合运用双层规划理论[137,142-144]、模糊理论[171,172]以及决策优化[169,189]的思想，构建 FMIBLP 在线反向拍卖模型来解决密闭、交互式的 OMSMARA 相关决策制定问题。随后，考虑到问题模型的特点以及 PSO 的优越性，提出了基于修正 PSO 的 PSO-BLDI 用于模型求解，并通过数值算例和对比分析证明了所提出算法的有效性和优越性。综上所述，本章所提出的 OMSMARA 模型既体现了买卖双方协商的交互过程，又减少了采购者决策失误的风险。本章模型既贴近实际的反向拍卖情形，又比 Cheng 的研究中采用的模型更为简洁，且所提出的算法提高了模型求解质量和效率，故更易于在实际 OMSMARA 中运用推广。

6.2 问题描述

本章研究的是由单一采购商(买家)和多个供应商(卖家)组成的 OMSMARA 相关决策制定问题。买方使用密封迭代 OMSMARA 从存在产能约束的多家供应商处采购多单元相同的产品。假定在这个过程中，允许采供双方交互协商，即采购商和供应商通过交互协商进行招投标以及采购数量重新优化分配。采购商的最终决策是确定中标供应商及其最优订量分配，并确定最终的交货时间，以达到采购单位成本的最小化，而各投标供应商以追求自身收益最大化为目标进行投标。

带有交互协商的 OMSMARA 的一般流程可概括为以下四步：

第 1 步，采购商在线向多个合格的供应商发布询价 RFQ，包括价格、交货期、采购量等多个属性信息的要求。

第 2 步，根据在线接收到的 RFQ，各供应商以最大化自身利益为目的，在满足采购商提出的属性要求的情况下确定其最优投标方案，并在线提交给采购商。

第 3 步，采购商以最大化自身利益为目标对供应商的投标进行评估。如果采购商对当前的投标方案满意，则拍卖结束；否则，采购商将重新调整 RFQ，返回第 1 步。

第 4 步，采购商和供应商经过多轮交互，在某种停止规则下确定满意度最优的决策结果，然后双方在线达成采购拍卖相关协议，整个拍卖过程结束。

一般情况下，存在采购预算的采购商会试图降低采购产品总支出，同时希望减少因交货时间延迟带来的损失。然而，加快采购品交付速度必然会增加供应商的生产成本，进而影响其产品投标价。显然，采购商的采购成本也会增加，从而会促使采购商更新采购数量的分配，调整交货的期限。为了更好地权衡采供双方的利益，获得比较满意的采购拍卖结果，本章采用模糊混合整数双层规划模型描述上述密封 OMSMARA 中采供双方的协商交互情形。在该模型中，采购商为顶层决策者，各个投标供应商代表底层决策者，采购商的决策约束着供应商的决策，同时供应商的决策又会促使采购商对供应商的投标进行重新评估，进而改变采购商在接下来的交互过程中制定新的决策。

带交互协商的 OMSMARA 基本流程见图 6.1。其中，t 代表供应商确定的交货期，总的采购需求 Q 被分配给 n 个供应商，他们获得的订购量为 $q_i(i=1, 2, \cdots, n)$；供应商 S_i 根据获得的分配量及自身的生产情况，提交相应的投标价格 p_i；采购商根据不同报价重新确定采购数量分配，并适当调整交货时限；最后，当上层采购商达到某种满意条件时，确定最终的拍卖决策结果。

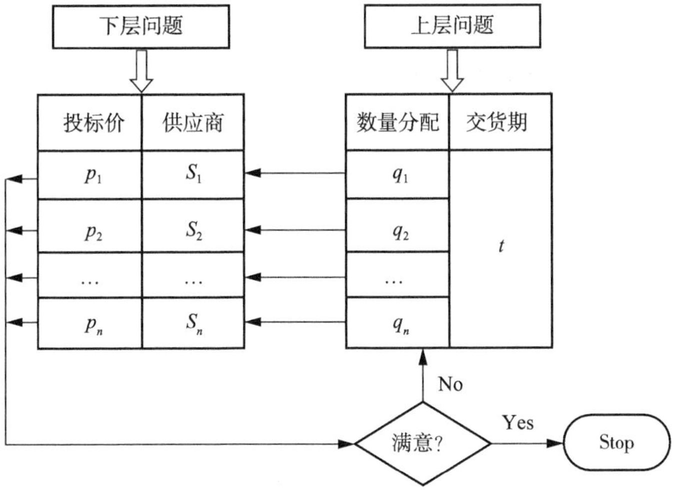

图 6.1　带交互协商的 OMSMARA 基本流程

6.3 模型构建

6.3.1 模型基本假设

根据上述 OMSMARA 问题的描述，参考相关文献并简化模型进行分析，现作出如下假设：

(1)沿用文献[38, 151]的研究假设，假定整个 OMSMARA 过程中上层采购者起着主导作用，拍卖由采购商发起，并由采购商决定拍卖终止条件。

(2)假设参与 OMSMARA 的供应商相互独立地进行在线投标，他们的产能、生产成本等报价信息是私人信息，且他们之间不存在串谋现象[82,151]。本书主要研究在线 OMSMARA，各投标供应商可以在线独立投标而不受彼此的影响。此外，为了简化模型，暂不考虑供应商之间存在共谋的情形。

(3)由于本书研究更为一般的多源 OMARA，所以假设最终的获胜(中标)供应商人数多于 1 个，而且他们的总产能完全可以满足采购者的采购需求[158,184]。

(4)假定本书研究的 OMSMARA 使用的是采购拍卖商自建的在线拍卖平台，为鼓励更多的供应商参与投标，平台不对投标者收取入场费。

(5)参考文献[79, 82]的假设，本书假设采购商与投标供应商均为风险中性的，且他们都是个人理性的。

(6)为了简化分析，假设买卖双方在线达成拍卖相关协议后必会履行，暂不考虑违约存在的情形。

6.3.2 模型参数与决策变量设置

6.3.2.1 上层决策问题(采购商决策制定)

(1)参数及其含义。

C：采购商的单位采购成本(单位：元)。

$\tilde{\tilde{C}}$：采购商可接受的最高单位采购成本，用区间数表示 $\tilde{\tilde{C}}=[\overline{C}^L, \overline{C}^U]$。

n：参与 OMSMARA 的供应商总数（单位：个）。

S_i：第 i 个供应商，$i \in \{1, 2, \cdots, n\}$。

t_0：采购商初始设定的预期交货期（单位：天）。

Q：采购商的采购总需求（单位：件）。

$q^{\min}$：采购商根据商业实践获得的供应商可能达成交易的最低采购量（单位：件）。

$q^{\max}$：采购商根据参与拍卖的供应商规模设定从单个供应商处的最高采购量（单位：件）。

g_i：采购商与获胜供应商 i 进行交易的固定成本，包括拍卖设置成本与交易执行成本等基本费用（单位：元）。

T：供应商交货延迟时间（单位：天），且 $T=t-t_0$。

$\tilde{\tilde{T}}$：采购商可能接受的最大交货延迟时间（单位：天），用区间模糊数表示 $\tilde{\tilde{T}}=[0, \overline{T}^U]$。

c_d：延迟交货一天造成的损失成本，假定为一固定的正常数（单位：元）。

（2）决策变量及其含义。

q_i：采购商分配给供应商 i 的订购数量（单位：件）。

t：最终确定的交货期（单位：天）。

x_i：0~1 变量。若值取 1，表示供应商 i 获胜，即分配得到采购商的部分订购量；否则，值取 0。

6.3.2.2　下层决策问题（各供应商决策制定）

（1）参数及其含义。

R_i：供应商 S_i 中标后交易获得的单位毛利润（单位：元）。

$\underset{\sim}{\tilde{R}}_i$：供应商 S_i 可接受的最低单位毛利润，用区间模糊数刻画，即 $\underset{\sim}{\tilde{R}}_i=[\underline{R}_i^L, \underline{R}_i^U]$。

j：供应商在第 j 种情形下进行供货，$j \in J=\{1, 2, 3\}$。

c_{ij}：供应商在第 j 种生产情形下供货产品的单位生产成本（单位：元/件）。

$\tilde{\tilde{p}}_i$：供应商 S_i 估计采购商可能接受的最大产品投标价（单位：元/件），这里用区间模糊数表示为 $\tilde{\tilde{p}}_i=[\overline{p}_i^L, \overline{p}_i^U]$。

k_i^0：供应商 S_i 初始可用库存量(单位：件)。

h_{i1}：供应商 S_i 每天的常规生产能力(单位：件/天)。

h_{i2}：供应商 S_i 每天的应急生产能力(单位：件/天)。

(2)决策变量及其含义。

p_i：供应商 S_i 投标的产品单价(单位：元/件)。

q_{i1}：供应商 S_i 在第 1 种情形(依靠初始库存)下的供货量(单位：件)。

q_{i2}：供应商 S_i 在第 2 种情形(依靠常规生产)下的供货量(单位：件)。

q_{i3}：供应商 S_i 在第 3 种情形(依靠加急生产)下的供货量(单位：件)。

6.3.3 OMSMARA 问题的 FMIBLP 模型

根据上述 OMSMARA 基本问题的描述，构建以下 FMIBLP 模型。

ULDM：

$$\min C = \left[\sum_{i=1}^{n}(p_i q_i + g_i)x_i + c_d(t - t_0)\right]/Q \tag{6.1}$$

$$\text{s.t.} \sum_{i=1}^{n} q_i = Q \tag{6.2}$$

$$x_i q^{\min} \leqslant q_i \leqslant x_i q^{\max},\ i = \{1,\ 2,\ \cdots,\ n\} \tag{6.3}$$

$$C \leqslant \tilde{\bar{C}} = [\bar{C}^L,\ \bar{C}^U] \tag{6.4}$$

$$0 \leqslant t - t_0 = T \leqslant \tilde{\bar{T}} = [0,\ \bar{T}^U] \tag{6.5}$$

$$\forall i,\ x_i \in \{0,\ 1\},\ q_i \in N,\ t \in N^+ \tag{6.6}$$

其中，p_i 是由求解下层(供应商 i)的投标决策问题得到的：

LLDM：

$$\max R_i = \left[p_i q_i - \sum_{j=1}^{3} c_{ij} q_{ij}\right]/q_i \tag{6.7}$$

$$\text{s.t.} \sum_{j=1}^{3} q_{ij} = q_i \tag{6.8}$$

$$p_i \leqslant \tilde{\bar{p}}_i = [\bar{p}_i^L,\ \bar{p}_i^U] \tag{6.9}$$

$$R_i \geqslant \tilde{\underline{R}}_i = [\underline{R}_i^L,\ \underline{R}_i^U] \tag{6.10}$$

$$q_{i1} \leqslant k_{i0} \tag{6.11}$$

$$q_{i1} + q_{i2} \leqslant k_{i0} + h_{i1} \cdot t \tag{6.12}$$

$$q_{i1} + q_{i2} + q_{i3} \leqslant k_{i0} + (h_{i1} + h_{i2}) \cdot t \tag{6.13}$$

$$\forall i,\ p_i \geqslant 0,\ \forall j,\ q_{ij} \in N \tag{6.14}$$

在上述 FMIBLP 模型的上层决策问题(ULDM)中，式(6.1)表示上层(采购商)在 OMSMARA 中的决策目标，即为最小化单位采购成本，包含采购商品成本、拍卖采购交易成本、延期交货的损失成本。式(6.2)表示供应商的最终采购量等于其总需求。式(6.3)表示竞标获胜供应商 i 获得的订单数量介于采购商设定的最低采购量 q^{min} 与最高采购量 q^{max} 之间，且其中 q^{min}，$q^{max} \in N$。式(6.4)表示采购商实际单位采购成本要小于能够接受的最高单位采购成本，由于经济市场行情变化的影响，这里假设可接受的最高单位采购成本是一个不确定的模糊数，用区间数 $\tilde{\bar{C}}=[\bar{C}^L, \bar{C}^U]$ 表示。同理，式(6.5)表示交货延期时间不能超过采购商可接受的最大延期时限。由于不了解供应商的供应能力与产品情况，所以可能对最终交货时间进行协商调整。这里假定采购商可接受的最大延期时间为一模糊数，用区间数 $\tilde{\bar{T}}=[0, \bar{T}^U]$ 表示，且其中 $T \in N$；$\bar{T}^U$，t，$t_0 \in N^+$。式(6.6)是上层问题决策变量的取值约束。

在上述 FMIBLP 模型的下层决策问题(LLDM)中，每个供应商在接收到上层采购商决定的分配数量与交货期限后，便根据自己的生产能力与不同生产模式下的生产成本，确定相应的投标价格。式(6.7)表示下层(供应商)的决策目标，即最大化自己投标可获得的单位毛利润，其中 $c_{ij}>0$。式(6.8)表示不同供货情形下的供货量总和等于上层分配的数量。式(6.9)是供应商根据历史经验估计的采购商的最高可接受单价，其报价不能超过它，但是由于缺乏真实信息，不能准确估计，所以这里假定最高可接受单价用区间模糊数进行刻画，即 $\tilde{\bar{p}}_i=[\bar{p}_i^L, \bar{p}_i^U]$，其中 $\bar{p}_i^L>0$。同理，式(6.10)表示供应商参加本次拍卖要求获得的单位毛利润不能低于某个最低可接受的单位利润。市场总在不断变化，供应商很可能改变最低接受单位利润额。这里假设用区间模糊数进行刻画，即 $\tilde{\underline{R}}_i=[\underline{R}_i^L, \underline{R}_i^U]$，其中 $\underline{R}_i^L>0$。式(6.11)表示供应商 i 在第 1 种情形(依靠初始库存)下的供货量不能超过库存量，其中 $k_{i0} \in N$。式(6.12)表示供应商 i 在前两种情形下的供货总量不能超过他的初始库存与交货期内的常规生产量总和，其中 $h_{i1} \in N^+$。式(6.13)表示供应商 i 在三种情形下的供货总量不能超过他的初始库存、交货期内的常规生产量与加急生产量的总和，其中 $h_{i2} \in N^+$。式(6.14)表示下层问题包含的决策变量的取值范围约束。

6.4 模型的转化与求解

6.4.1 增广模糊最小最大决策方法

第2.5小节介绍了一般双层规划的基本概念、模型与方法。针对本章构建的OMSMARA问题的FMIBLP模型，由于条件约束当中出现了模糊约束，使得传统方法，比如KKT[144,168][即将下层优化问题的KKT最优性条件作为约束融合到上层优化问题进而把双层规划问题转化为单层优化决策问题(参数信息精确)的方法]不能适用于本章的模型求解。为了求解带有模糊约束或者模糊目标的BLP问题，Bellman和Zadeh[169]率先提出了一种模糊最小最大决策方法，较好地解决了此类决策问题。随后，许多学者对上述方法进行运用与拓展研究。Shih等[170]利用模糊隶属度函数和多目标优化方法，有效地解决了当上层决策者的决策目标与约束条件允许存在一定偏差情形下的双层规划问题。他们通过该方法求得上下两层决策者都能接受的满意结果，即满意度(隶属度函数值)。Ke等[171]与Du等[172]分别用该模糊方法求解双层规划背景下的非合作博弈问题、危险品运输多库车辆路径选择问题等。综上所述，使用模糊最小最大决策方法为解决带有模糊目标或者约束的双层规划问题提供了便利。模糊最小最大决策方法的基本思想可以用数学表达式描述：

$$(\mu_D)_{\max}=\max[\min(\mu_G,\ \mu_C)] \tag{6.15}$$

其中，μ_D，μ_G，μ_C分别表示最终决策结果(可行解)、模糊目标、模糊约束的隶属度(或满意度)函数。式(6.15)表示对于模糊决策问题，任一可行解(决策结果)的满意度值可定义为该问题每个模糊目标和约束的最小综合满意度，而整个决策问题的本质就是找到满意度最大的可行解。

然而，Lai和Hwanf[173]研究发现，通过以上最小最大决策方法求最优满意度值时可能出现多组可行解的情况，这就为上层决策者的决策带来困难。为此，Lai和Hwanf(1993)在最小最大决策方法的基础上进行修改完善，提出了具有补偿性质的综合算子对隶属度函数进行适当处理，提出了增广的模糊最小最大决策方法[173]。考虑到本章 OMSMARA 问题 FMIBLP 模型中采购者与供应商缺乏对方真实的偏好或者与采购品有关的精确信息，使用增广模糊最小最大决策方法可以有效地对采购商和供应商的决策信息进行整合，寻求满意的采购拍卖结果。

6.4.2　模型的转化

首先，根据模糊最小最大决策方法，对第 6.4.1 小节的 FMIBLP 模型作进一步处理：

上层决策问题可以转化为如下优化问题：

ULDM-1：

$$\max\theta \tag{6.16}$$

$$\text{s.t.}\ \mu_C(C)\geqslant\theta \tag{6.17}$$

$$\mu_T(T)\geqslant\theta \tag{6.18}$$

$$0\leqslant\theta\leqslant 1 \tag{6.19}$$

$$\text{式}(6.1)\sim\text{式}(6.3)，\text{式}(6.6) \tag{6.20}$$

在上述模型中，隶属度函数 $\mu_C(C)$，$\mu_T(T)$ 的表达式为

$$\mu_C(C)=\begin{cases}1, & C\leqslant\overline{C}^L\\ \dfrac{\overline{C}^U-C}{\overline{C}^U-\overline{C}^L}, & \overline{C}^L<C<\overline{C}^U\\ 0, & C\geqslant\overline{C}^U\end{cases} \tag{6.21}$$

$$\mu_T(T)=\begin{cases}1, & T=0\\ \dfrac{\overline{T}^U-T}{\overline{T}^U}, & 0<T\leqslant\overline{T}^U\\ 0, & T>\overline{T}^U\end{cases} \tag{6.22}$$

其次，基于 Lai 和 Hwanf[173] 提出的增广模糊最小最大决策方法，进一步对模型 ULDM-1 进行完善，得到模型 ULDM-2：

ULDM-2：

$$\max\ \theta+\sigma\{\delta_1\mu_C(C)+\delta_2\mu_T(T)\} \tag{6.23}$$

$$\text{s.t.}\ \text{式}(6.17)\sim\text{式}(6.22) \tag{6.24}$$

其中，θ 是两个隶属度函数值的最小值，即 $\theta=\min\{\mu_C(C),\ \mu_T(T)\}$；$\sigma$ 为一充分小的正实数，表示为满足多个冲突的模糊隶属度（满意度）目标函数约束，对模型总目标函数给予的单位折中补偿；δ_1，δ_2 表示两个隶属度函数的重要性权重，且有 $\delta_1+\delta_2=1$，δ_1，$\delta_2\geqslant 0$。

按照上层决策问题模型的转化方法，对下层决策问题进行转化，得到如下的等价模型：

LLDM-1：
$$\max\lambda \tag{6.25}$$
$$\text{s. t. } \mu_{P_i}(p_i)\geqslant\lambda \tag{6.26}$$
$$\mu_{R_i}(R_i)\geqslant\lambda \tag{6.27}$$
$$0\leqslant\lambda\leqslant 1 \text{ 且满足式(6.7)、式(6.8)及式(6.11)～式(6.14).} \tag{6.28}$$

其中，隶属度函数 $\mu_{P_i}(p_i)$，$\mu_{R_i}(R_i)$ 的表达式分别为

$$\mu_{p_i}(p_i)=\begin{cases}1, & p_i\leqslant\bar{p}_i^{\,L}\\ \dfrac{\bar{p}_i^{\,U}-p_i}{\bar{p}_i^{\,U}-\bar{p}_i^{\,L}}, & \bar{p}_i^{\,L}<p_i<\bar{p}_i^{\,U}\\ 0, & p_i\geqslant\bar{p}_i^{\,U}\end{cases} \tag{6.29}$$

$$\mu_{R_i}(R_i)=\begin{cases}1, & R_i\geqslant\underline{R}_i^U\\ \dfrac{R_i-\underline{R}_i^L}{\underline{R}_i^U-\underline{R}_i^L}, & \underline{R}_i^L<R_i<\underline{R}_i^U\\ 0, & R_i\leqslant\underline{R}_i^L\end{cases} \tag{6.30}$$

进一步地，用类似上层模型处理方式得到下层 LLDM-1 的修正模型：

LLDM-2：
$$\max\ \lambda+\rho\{\omega_1\mu_{P_i}(p_i)+\omega_2\mu_{R_i}(R_i)\} \tag{6.31}$$
$$\text{s. t. 式(6.26)～式(6.30)} \tag{6.32}$$

其中，λ 是两个隶属度函数值的最小值，即 $\lambda=\min\{\mu_{P_i}(p_i),\ \mu_{R_i}(R_i)\}$；$\rho$ 为一充分小的正实数，其作用与上层模型式(6.23)中的 σ 类似；ω_1、ω_2 表示两个隶属度函数的重要性权重，$\omega_1+\omega_2=1$，且 ω_1，$\omega_2\geqslant 0$。

经过上述转化，FMIBLP 问题转化成了精确形式的 MIBLP 模型，其中上层求解 ULDM-2、下层求解 LLDM-2。

6.4.3　模型求解算法设计

根据第 6.4.2 小节的模型转化，最终得到了 MIBLP 等价的精确模型，上层采购商通过求解 ULDM-2 获得数量分配 $q=\{q_1, q_2, \cdots, q_n\}$ 以及交货期 t 的最佳组合。该求解过程模拟现实 OMSMARA 情境中的采购方与供应商之间的协商过程。采购商通过指定一个适度紧的交付时间以及相应的初始数量分配来启动在线交互协商程序。如果得到的供应商投标结果不令人满意（即导致采购者单位采购成本偏高），采购者就会期望得到更优惠的投标报价，从而适当放宽交货时间来促使供应商调整他们的投标价格，并计算不同交货时间设置下不同分配结果所得到的满意度值。当然，供应商在给予适度的价格优惠的同时，也增加了自己拍卖中标的概率。经过不断的交互协商，最终达到一种动态均衡的稳定状态，进而得到本章问题模型的（近似）全局最优解（或满意解）。

由于上下层决策相互影响，上层规划最优决策结果受到下层规划决策结果的影响，而且本章提出的 FMIBLP 模型是非线性且非凸的，具有模糊约束，所以求解起来相当困难（属于 NP-hard 问题）。传统的 K-T 法、下降方向法等优化方法，由于受解空间特性制约，无法求解此类双层规划问题。因此，对目标函数要求较低且全局收敛能力强的进化算法（如遗传算法、PSO）更适合本章问题对应的双层规划模型的求解。

PSO 是近年来兴起的一种新的仿生进化算法[174-177]。和遗传算法（GA）类似，它是从随机选取的初始可行解（粒子）出发，通过当前搜寻的最优解进行信息共享，然后不断迭代更新寻找全局最优解。但是，相较于 GA，PSO 更为简洁，它省去了“交叉”“变异”的操作，所以易于实现，而且收敛快。PSO 中每个粒子指代着所求问题的解空间中的一个候选解，它的优劣程度是由基于优化问题的优化目标而设置的适应度函数来确定的。假设在 M 维解空间中，第 i 个粒子的位置可以表示为 $X_i=(x_{i1}, x_{i2}, \cdots, x_{iM})$，对应的速度可以表示为 $V_i=(v_{i1}, v_{i2}, \cdots, v_{iM})$。在经过 t 次迭代后，记录下截至目前粒子 i 的个体最优适应度值，即 $pbest_i=(p_{i1}, p_{i2}, \cdots, p_{iM})$，以及整个粒子群的全局最优适应度值，即 $gbest=(g_1, g_2, \cdots, g_M)$；在进行第 $t+1$

次迭代时，粒子 i 按以下两个公式更新其速度和位置：

$$v_{id}(t)=\omega v_{id}(t-1)+c_1 r_1[pbest_{id}-x_{id}(t-1)]+c_2 r_2[gbest_d-x_{id}(t-1)] \tag{6.33}$$

$$x_{id}(t)=v_{id}(t)+x_{id}(t-1) \tag{6.34}$$

其中，t 表示迭代更新的代数；d 表示速度或者位置矢量的第 d 个维度；ω 表示惯性权重；c_1，c_2 表示加速系数(或学习因子)，用来调节学习步长；r_1，r_2 表示[0，1]内均匀分布的随机数。式(6.33)中的第一项指代粒子惯性速度；第二项指代“自我认知”能力，表示粒子在更新过程中结合自身的历史经验，增强了粒子的全局搜索能力；第三项指代“社会认知”能力，反映种群中粒子间的社会信息共享，可加快算法的寻优速度。利用上述三个部分的相互作用来平衡粒子的搜索能力，从而使其能快速有效地到达最优位置。一般地，PSO 算法的基本流程见图 6.2。

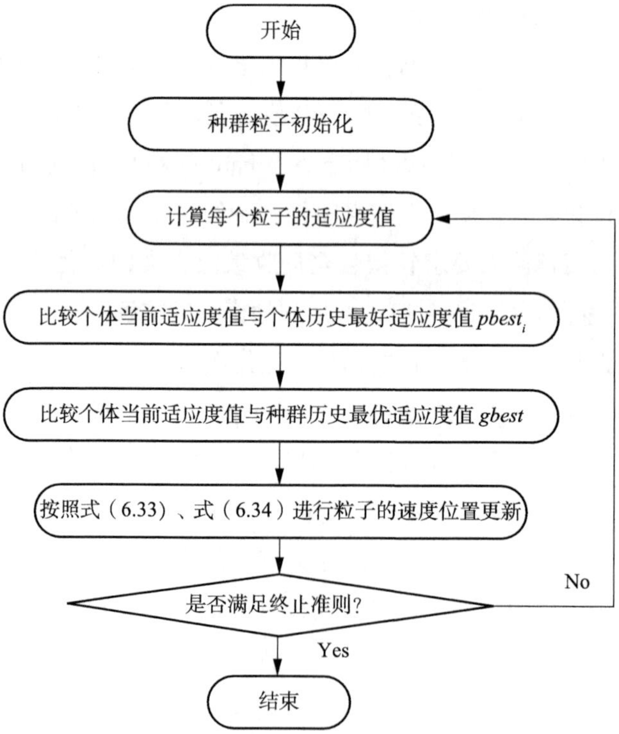

图 6.2　PSO 算法的基本流程

PSO 算法具有如上所述的特殊优势，因而得到了诸多学者的青睐。例如，Sibalija[174]采用 PSO 算法优化生产加工过程中的参数设计；Alrashidi 等[175]详细回顾了 PSO 算法在电力系统中的应用研究。与此同时，采用 PSO 算法解决双层规划问题的研究不断涌现。例如：张涛[176]在其博士论文中详细地介绍了如何以粒子群算法求解一般性的双层单目标及双层多目标规划问题，并将设计的算法运用到了水资源的优化配置问题当中，为水资源管理部门提供了有效的决策参考；谢畅等[177]针对现阶段关于电力市场均衡策略求解方法(非线性互补算法与循环迭代方法)存在的不足，提出了一种基于双层粒子群算法的均衡策略求解思路。

基于以上分析，鉴于 PSO 算法的优良品性，并考虑本章 OMSMARA 问题模型的特点，我们提出了一个基于修正 PSO 算法的双层分布迭代算法(PSO-BLDI)。首先，在粒子更新公式中，对基础 PSO 算法中固定的惯性权重进行修正，给出了随迭代次数自动更新的权重公式，即

$$\omega(t)=\omega_{\max}-\{(t-1)\times(\omega_{\max}-\omega_{\min})/(\max Iter-1)\}. \tag{6.35}$$

采用如上权重更新公式可以使粒子初始迭代时具有较强的全局搜索能力，在迭代后期具有较强的局部搜索能力，能有效地遏制粒子陷入局部最优现象。

此外，为了提高算法的求解精确性，区别于一般适应度函数直接以目标函数或者倒数值为适应度函数，本书在适应度函数设计时考虑了约束条件的满意度问题。当约束不等式不满足时给予适应度函数一个较大的惩罚因子，从而保证粒子更新时仍然保持在可行空间中。本章采用的适应度函数表达式为

$$fitness(\cdot)=sum(cons)+1/obj(\text{ULDM-2})+1/sum[obj(\text{LLDM-2})]. \tag{6.36}$$

其中，第一项为约束条件对应的适应度值，第二项为上层目标函数对应的适应度值，最后一项为下层目标函数对应的适应度值。

综上分析，本章所提 PSO-BLDI 算法的基本流程可概括如下：

第 1 步，初始化设置，根据本章的问题模型确定初始的种群规模 $nPop$，最大迭代次数 $\max Iter$，最小最大惯性权重 $\omega_{\max}$、$\omega_{\min}$，粒子的维数 m，随机选择初始粒子位置 x 与其初始速度 v(这里速度采用随机选取的两

个粒子位置差表示)，设置 $t=0$。

第 2 步，按照式(6.36)计算粒子群中所有粒子当前代次的适应度函数值。

第 3 步，比较各粒子适应度值与自身历史最好位置 $pbest_i$ 的适应度值大小，如果前者小于(优于)后者，则用当前适应度值替换并更新个体最优位置 $Pbest_i$；否则，保留个体历史最优。

第 4 步，比较各粒子适应度值与整个粒子群历史最好位置 $gbest$ 的适应度值大小，如果前者小于(优于)后者，则用当前适应度值替换并更新历史全局最优 $gbest$；否则，保留粒子种群历史全局最优。

第 5 步，按照式(6.33)至式(6.35)对粒子进行速度、位置以及权重的更新，并计算更新后相应的适应度值。

第 6 步，判断算法循环次数是否达到设定的最大迭代次数 max*Iter*，如果是，则算法停止，输出最优适应度值以及最优均衡结果；否则，置 $t=t+1$，转第 2 步。

6.5 算例仿真分析

本节通过一个数值算例来仿真本章提出的决策问题模型，并验证所提求解算法的有效性。随后，进一步分析相关参数变化对 OMSMARA 模型结果的影响。

6.5.1 算例描述与参数设置

某品牌汽车生产商计划通过在线拍卖方式采购一批(数量为 Q)汽车配件——汽车雨刷，并要求在特定的交货期内(交货期限为 t_0)完成采购物品的供货。在该汽车生产商(采购方/拍卖方)在线发布 RFQ 以后，n 个汽车雨刷供应商(投标方)(记作 S_1，S_2，…，S_n)最终参与到 OMSMARA 中，并进行线上密闭投标。采购方及各供应商的偏好信息相关参数见表 6.1。由于客观不确定性的存在，此处的信息主要由模糊区间数进行刻画。每个供应商的库存、不同情形下的产能以及成本结构参数信息见表 6.2。每个供应商相关信息对汽车生产商和其他竞争供应商来说都是私人信息，模型有关的基本参数如下：

(1)上层(生产商/采购方)相关参数：初始设定交货期 $t_0=2$，采购总量 $Q=2000$，拍卖交易执行的固定成本 $g_i=300$，延迟交货一天给汽车生产商造成的损失成本为 $c_d=1000$，规定的从任一供应商的最低采购量 $q^{\min}=200$、最大采购量 $q^{\max}=1200$，参加竞标供应商总数量 $n=4$，上层决策转化模型 ULDM-2 目标函数中的权重系数设为 $\delta_1=\delta_2=0.5$，且 σ 取值为 0.001。

(2)下层(供应商)相关参数：供应商订单的供货情形 $j\in J=\{1, 2, 3\}$，下层决策转化模型 LLDM-2 目标函数中的权重系数 $\omega_1=\omega_2=0.5$，且 γ 取值为 0.001。

表 6.1　采供双方偏好信息的相关参数

上层	$\overline{C}^L$	$\overline{C}^U$	$\overline{T}^U$	
生产商/采购方	11	14	3	
下层	$\overline{p}_i^L$	$\overline{p}_i^U$	$\underline{R}_i^L$	$\underline{R}_i^U$
S_1	10	13	2	3
S_2	11	14	2	4
S_3	12	14	3	5
S_4	13	15	3	6

表 6.2　供应商的库存、生产成本与产能相关参数

	k_{i0}	c_{i1}	c_{i2}	c_{i3}	h_{i1}	h_{i2}
S_1	350	5	6	8	240	120
S_2	320	6	7	9	220	110
S_3	300	7	8	9	210	100
S_4	300	8	9	10	200	100

6.5.2　算例求解与结果比较

基于提出的算法流程，本书使用 MATLAB R2017a 进行编程，并在

Window 10 系统，CPU 为 INTEL 四核 3450、内存为 4GB 环境下运行。种群规模设定为 300，最大迭代次数设定为 100。重复执行算法实验 20 次，以适应度值最优时对应的求解结果为最终输出。使用本章提出的 PSO-BLDI 算法求解第 6. 5. 1 小节算例的迭代优化过程，如图 6. 3 所示。

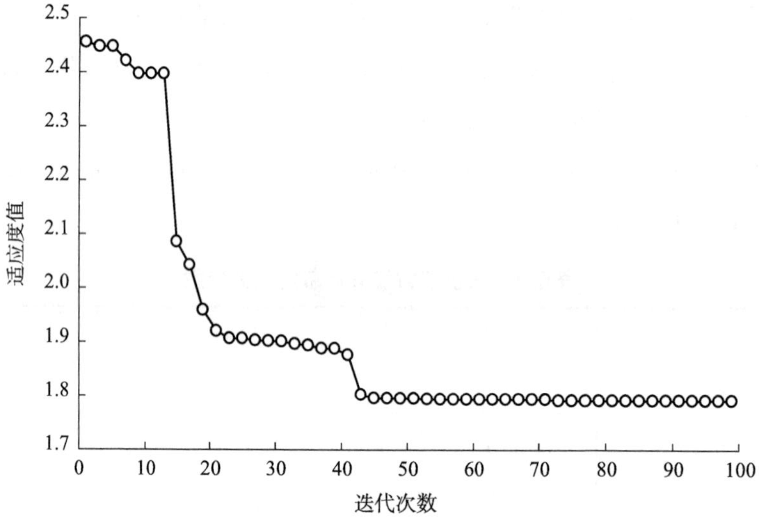

图 6. 3　PSO-BLDI 算法迭代优化过程

本章算法的计算结果汇总于表 6. 3。为了验证算法的有效性，使用 Cheng 等[151]的综合 GA 方法求解上述算例(设定相同的种群规模与迭代次数)，并将其求解结果与本章算法所得结果进行比较，见表 6. 3 和图 6. 4。

表 6. 3　Cheng 等的综合 GA 方法与本章的 PSO-BLDI 算法求解结果的比较

	Cheng 等的综合 GA 方法	本章的 PSO-BLDI 算法
C	13. 1638	13. 1335
t	5	5
q_1	68	70
q_2	68	70
q_3	64	60
q_4	0	0
θ	0. 7308	0. 7481

续表

	Cheng 等的综合 GA 方法	本章的 PSO-BLDI 算法
ULDM-2 目标值	0. 7458	0. 7631
运行时间	12. 3860 s	8. 5620 s

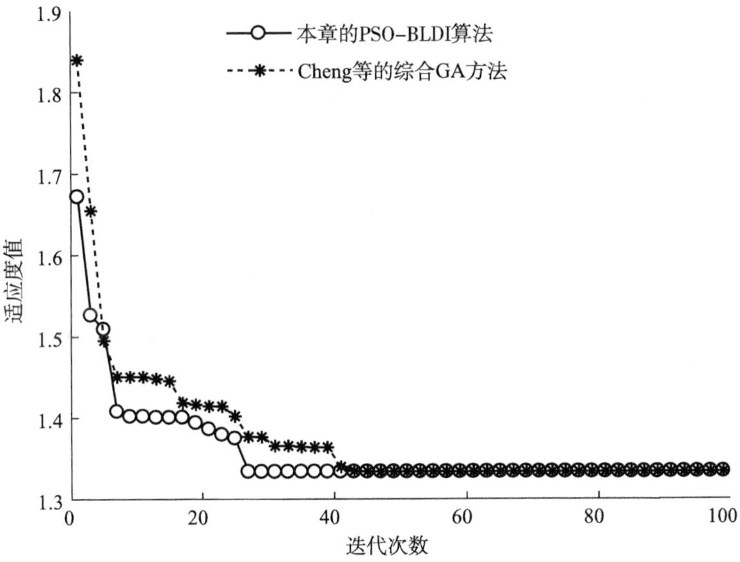

图 6. 4　Cheng 等的综合 GA 方法与本章的 PSO-BLDI 算法求解的迭代优化过程比较

通过表 6. 3 中不同方法的求解结果对比及图 6. 4 的优化迭代过程对比，可以看出本章提出的 PSO - BLDI 算法可以较好地求解本章构建的 OMSMARA 问题模型，在最终的采购方单位采购成本及满意度参数值上均有一定的改进，即本章所提算法能得到更好的近似最优解(满意解)。此外，运行时间相对缩短也表明本章所提算法的有效性和优越性。

6. 5. 3　参数敏感性分析

为了进一步分析所提出算法的适用性，并探究算例中相关参数的变动对算例模型有关求解结果的影响，本小节从以下三个方面进行参数敏感性分析。

6.5.3.1 偏好权重变化对算例模型有关求解结果的影响

在本章算例的初始设置中，将 ULDM-1 与 ULDM-2 中相关的满意度偏好权重参数(δ_1，δ_2)、(ω_1，ω_2)均设置为(0.5，0.5)，本小节分别对两个权重组合进行调整，以观察上层采购方的采购单位成本、交货时间、采购量分配、满意度参数值以及目标函数值的变化情况。具体计算结果见表 6.4。

表 6.4 偏好权重变化对算例模型有关求解结果的影响

偏好权重	t	q_1	q_2	q_3	q_4	C	θ	obj(ULDM-2)
(0.1，0.9)+(0.5，0.5)	5	70	72	58	0	13.1371	0.7473	0.7623
(0.3，0.7)+(0.5，0.5)	5	70	75	55	0	13.1651	0.7411	0.7560
(0.5，0.5)+(0.5，0.5)	5	70	70	60	0	13.1335	0.7481	0.7631
(0.7，0.3)+(0.5，0.5)	5	70	73	57	0	13.1506	0.7443	0.7592
(0.9，0.1)+(0.5，0.5)	5	66	66	68	0	13.1838	0.7369	0.7517
(0.5，0.5)+(0.1，0.9)	5	67	67	66	0	13.1794	0.7379	0.7528
(0.5，0.5)+(0.3，0.7)	5	70	74	56	0	13.1675	0.7406	0.7555
(0.5，0.5)+(0.7，0.3)	5	70	75	55	0	13.1329	0.7489	0.7638
(0.5，0.5)+(0.9，0.1)	5	70	71	59	0	13.1292	0.7491	0.7641

从表 6.4 的数据可以看出，针对本章算例，目标函数中不同满意度权重组合会给最终的拍卖决策结果带来不同程度的影响，但总体上变动不大。对上层采购方来说，成本与交货时间的重要程度相当，当二者权重相等时，能够得到最大的满意度和最低的采购成本。对下层供应商来说，如果更看重自身对采购方可接受价格的预期，即与单位利润相比，供应商更

加在意竞标获胜概率时，能够在一定程度上提高上层采购方的满意度，降低其采购成本，这与现实情况一致。采购方可通过某些激励措施诱导供应商的投标偏好，以实现满意度更高的采购拍卖结果。

6.5.3.2　采购量上下限值变化对算例模型有关求解结果的影响

本小节主要观察采购量下限 $q^{\min}$ 和采购量上限 $q^{\max}$ 的变化对上层采购方的采购单位成本、交货时间、采购量分配、满意度参数值及目标函数值的影响，以便为采购方提供决策参考。具体计算结果见表 6.5。

表 6.5　$q^{\min}$ 和 $q^{\max}$ 变化对算例模型有关求解结果的影响

上下限值	t	q_1	q_2	q_3	q_4	C	θ	obj(ULDM-2)
(10，100)	5	66	66	68	0	13.1838	0.7369	0.7518
(20，100)	5	70	70	60	0	13.1335	0.7481	0.7631
(30，100)	5	70	66	64	0	13.1250	0.7500	0.7650
(40，100)	5	70	65	65	0	13.1288	0.7492	0.7642
(60，100)	5	69	67	64	0	13.1338	0.7480	0.7630
(20，80)	5	67	67	66	0	13.1638	0.7414	0.7563
(20，90)	5	70	66	64	0	13.1250	0.7500	0.7650
(20，120)	5	69	61	70	0	13.1338	0.7463	0.7622
(20，130)	5	69	69	62	0	13.1394	0.7458	0.7618
(20，150)	5	70	69	61	0	13.1502	0.7444	0.7593

从表 6.5 的计算结果可以看出：当采购下限值不变时，采购方的采购成本与满意度值随着采购上限值的增加先变大后变小，在等于 30 时出现近似最优值；当采购上限值不变时，采购方的采购成本与满意度值随着采购下限值的增大先变大后变小，在等于 90 时出现近似最优值。结果表明：如果采购下限值设置过小，就可能使非常一般的供应商参与最终采购量分配，从而增加交易成本，降低采购方的采购效率，影响采购满意度；反过来，如果采购上限值设置过大，就可能促使产能提高，从而提高成本，进而提高报价，最后使采购方的采购成本也增加，从而降低采购满意度。因此，采购方在确定采购上下限值时有必要进行合理的设置。

6.5.3.3 交易成本与延期损失成本变化对算例模型有关求解结果的影响

为了进一步探究交易成本 g_i 与延期损失成本 c_d 对模型相关求解结果的影响，本小节进行了多组数值实验，计算结果见表 6.6。

表 6.6 交易成本 g_i 与延期损失成本 c_d 变化对算例模型有关求解结果的影响

成本参数值		t	q_1	q_2	q_3	q_4	C	θ	obj(ULDM-2)
g_i	50	4	54	54	54	38	12.9200	0.7956	0.8135
	100	5	70	70	60	0	13.1335	0.7481	0.7631
	150	6	70	70	60	0	13.8538	0.5881	0.6014
	180	6	77	66	57	0	14.1696	0.5000	0.5102
c_d	100	5	70	70	60	0	13.1325	0.7483	0.7633
	150	5	70	70	60	0	13.1335	0.7481	0.7631
	200	5	70	68	62	0	13.1340	0.7480	0.7630
	250	5	67	67	66	0	13.1663	0.7408	0.7557

从表 6.6 的模型求解结果可以看出，交易成本 g_i 与延期损失成本 c_d 的变化对模型求解结果产生了不同程度的影响，前者影响效果更为明显。此外还可以看到，随着 g_i 与 c_d 的增加，采购商的采购成本不同程度地增加，而满意度却在不同程度地降低，这也与现实情形是一致的，进一步说明了本书模型的合理性与求解方法的有效性。

6.6 本章小结

考虑到采购拍卖中可能存在的现实问题，如供应商可能存在产能约束或者交易违约风险等，此时在线多源多属性反向拍卖将更加适用。然而，当前很少有文献研究投标供应商在 OMSMARA 过程中存在相关利益诉求的问题，即买卖双方存在协商交互的采购拍卖情形。因此，构建合理的 OMSMARA 模型以及探究对应的求解方法具有重要的理论与现实意义。基于此，本章综合利用双层规划理论与模糊理论来研究不确定情形下带有双边协商的 OMSMARA 决策制定问题，构建了一个新的模糊混合整数双层规划模型。在该模型中，采购方是上层决策者，供应商是下层决策者。采购方可通过调整分配给每个供应商的采购量和指定的交货时间，从供应商那里获得更优的报价；而供应商也可通过调整他们的投标价来影响采购方的采购量分配决策。随后，本章给出了一个基于增广模糊最小最大决策方法与粒子群算法的 PSO-BLDI 算法，用于模型的求解。最后，通过数值算例展示了所建 OMSMARA 问题模型的适用性，并通过不同方法求解结果的比较与敏感性分析进一步说明了本章所提算法的有效性。

本章研究可为现实的 OMSMARA 参与者提供有益的决策参考，提高采购拍卖的效率和满意度。当然，本章研究也存在一些不足，即本章中方法应用的算例规模较小，同时模型构建相对简单，很多可能存在的属性、情形未予考虑，如质量属性指标及采购商可能面临的供货质量风险损失，以及供应商决策问题中供应商参与拍卖的机会成本等。未来可通过更大规模的采购拍卖实例进一步验证本章提出的多源反向拍卖决策模型与相关求解算法的实用性和有效性，同时考虑更多的现实情境，不断完善本章提出的交互式拍卖模型。此外，还可进一步对不同风险态度或不同心理行为（如前景预期、后悔心理预期等）下的 OMSMARA 相关决策模型、方法与求解算法进行拓展研究，不断丰富 OMARA 的研究内容，更好地服务当下和未来的 OMARA 实践。

第7章

总结与展望

本章对全书的主要研究工作进行了梳理和总结，同时结合当前研究中存在的不足与局限，提出值得深入研究的方向。

7.1　研究总结

随着互联网与电子商务的快速发展，越来越多的公司和企业通过在线渠道销售或购买各种各样的商品和服务。OMARA 作为一种低成本、较便捷的交易方式，日渐成为买卖双方进行商品交易的优选方式之一，广泛应用于政府采购、工程招投标等领域。然而，在实际的 OMARA 中，决策制定者通常会面临认知、环境、风险、心理行为等诸多方面存在的不确定性，且这些复杂的不确定性必然会对 OMARA 参与者的决策制定产生一定程度的影响。为了系统探究 OMARA 中可能存在的不确定情形及其对买卖双方相关决策制定的影响，本书综合运用模糊理论、多属性决策基本方法、多目标规划理论、双层规划理论、前景理论等研究了不同复杂不确定情形下拍卖主体的决策制定问题，提出了一些具体的问题模型以及新的决策方法框架。本书主要的研究工作包括以下五个方面：

(1)在不确定性情形下，从拍卖者(采购者)的角度出发，基于模糊多属性决策理论提出了一个新的 OMARA-WDP 多阶段综合决策方法框架。具体过程如下：第一，将模糊集理论应用到 OMARA-WDP 中，描述投标属性值存在的不确定性。第二，给出 OMARA-WDP 模型与过程的详细描述。第三，通过 F-AHP 与 F-DMM 方法的结合，求得竞标评价属性的综合权重。第四，将 F-TOPSIS、F-VIKOR、F-ELECTRE II、F-TODIM、F-PROMETHEE II 五种 F-MADM 方法与简单的占优准则相结合，进行投标方案综合评价，以确定最终的获胜者(中标供应商)。第五，通过数值算例详细展示所提出综合决策方法框架的实施过程，并通过对比分析进一步说明所提出的决策方法框架的有效性和可靠性。

(2)考虑到实际的采购拍卖中有关商品属性和供应商信息等方面常存在一定程度的不确定性，且这些不确定性的刻画又存在着多种表述形式，以及采购者面对得失风险时的态度差异会影响采购者的决策制定，提出了一种新的基于前景理论的混合不确定情形下 OMARA 赢者确定方法。具体地，综合运用前景理论和模糊集理论，研究了同时存在精确数、区间数、三角模糊数、梯形模糊数和语义模糊术语五种属性描述方式的在线多属性反向拍卖的赢者确定问题，提出了一种新的、具有一般性的混合不确定情形下的 OMARA 竞胜供应商确定方法。最后，通过数值算例和比较分析验证了所提出方法的可行性和有效性。

(3)考虑到现实采购拍卖中采购者往往为了维持良好的市场采供关系，降低决策失误发生的概率，常会选择实行多源 OMARA(即 OMSMARA)以维持恰当的获胜供应商规模，以及采购者面临的复杂不确定环境，本书基于多目标规划理论与犹豫模糊集理论，研究了混合不确定情形下 OMSMARA 赢者确定与数量分配问题，提出了一套新的决策方法框架来解决所提问题。具体地，首先采用梯形模糊数来描述不确定的投标属性值；其次，引入犹豫模糊集来表征购买者对各投标中相关属性信息的满意程度，并根据得到的犹豫模糊评价矩阵及极大偏差法确定竞标属性权重；再次，针对 OMSMARA 问题，提出了模糊多目标混合 0-1 整数规划模型及其等价转换的优化模型，并给出了具体的求解方法流程；最后，通过数值算例说明了所提出决策方法框架的可行性和有效性，并通过敏感性分析与对比分析进一步说明所提求解方法的稳健性和决策结果的可靠性。

(4)考虑到现实中存在带有协商交互的 OMSMARA 情形，以及复杂市场环境下采供双方均面临着各种不确定性，基于双层规划理论和模糊理论来研究不确定情形下的 OMSMARA 双边协商决策制定问题。基于问题分析与适当假设，构建了一个新的带有协商交互的模糊混合整数双层规划模型，并基于增广模糊最小最大决策方法进行模型的精确转化；然后，基于问题模型特点与 PSO 的优越性，提出了一个基于 PSO 的双层分布迭代算法，用于模型的求解，并通过数值算例展示了模型的合理性以及求解算法的可行性；最后，进行多组敏感性分析，研究相关参数或约束变化对结果的影响，进一步阐明问题模型的适用性和算法的有效性，为 OMARA 实践中的决策者提供有益的决策参考。

(5)考虑后悔心理行为的 OMARA 有关理论研究目前尚缺，为了填补研究间隙，本书重点研究了这一主题，探究考虑不确定心理行为(后悔预期存在)情形下的 OMARA，进一步分析投标者的最优均衡决策，并通过数值仿真模拟现实的反向拍卖最优投标决策过程，研究不同的遗憾参数对相关决策结果的影响，所得的理论结果与仿真发现可为 OMARA 实践中的决策者提供有益的决策参考和实践指导。

本书针对复杂不确定情形下的 OMARA 相关决策制定问题，构建了不同的 OMARA 问题模型，提出了一些新的问题求解思路和决策方法框架，并且通过数值算例与仿真分析，以及与大量文献方法的对比分析说明本书提出问题模型的可行性和决策方法的有效性。本书研究进一步丰富了 OMARA 的相关理论，所提出的研究思路与决策方法能够为未来 OMARA 参与者提供有益的决策支持。

7.2　未来展望

由于问题模型的特殊性以及个人认知的局限性，本书所做研究仅仅是复杂不确定情形下 OMARA 研究的一小部分，尚存在不足。本书主要以各种不确定情形下 OMARA 参与者的决策制定为研究主题，以抽象出的不同不确定情形下的 OMARA/OMSMARA 决策问题建模为切入点，重点研究了如何提出合理而有效的决策方法并进行算例展示与效果验证。总体来看，研究偏向方法和应用，对相关理论的挖掘不够，后期需要加强对传统拍卖理论及其在 OMARA 中应用的拓展研究。基于本书研究的局限以及未来可能的研究方向，现作出以下几点展望：

(1)如何充分结合计算机智能技术，构建基于多 Agent 技术的自动化 OMARA/OMSMARA 招标平台，实现实时动态的拍卖机制，给采购拍卖供求双方带来成本的节约，同时提高交易效率，将成为接下来的研究热点。

(2)本书构建的一些问题模型中还有一些实际的约束或者可能存在的情形未予考虑，未来可以进一步完善模型，使决策结果更加贴近实际。例如，可以考虑实际采购拍卖中供应商投标价格存在数量折扣的情况、第三方拍卖平台存在佣金的情况[3]等。

(3)在实际的采购活动中，会有许多来自不同部门的决策者共同确定评价属性的权重，所以可以采用群决策技术[178]，引入群体决策方法来提高采购拍卖决策的质量。

(4)可以考虑在求解不确定情形下的 OMARA-WDP 和定量分配问题时，采用随机两阶段或多阶段规划方法、鲁棒优化方法和可能性规划方法[179]等处理相关决策中存在的不确定性。

(5)本书研究中仅考虑一个拍卖者(买方)和一种物品的 OMARA/OMS-MARA 类型。将本书模型扩展到在线多属性反向组合拍卖[182]或在线多属性双向拍卖[183]也是一个非常有价值的研究方向。

(6)当考虑包含多种商品属性以及供应商信誉、资质等多个层级属性的要求时，针对混合不确定多级属性情形下的多属性采购拍卖问题，寻找好的供应商选择决策方法值得研究。

(7)如何合理地将智能算法、不确定理论、博弈理论、优化理论、决策理论、多目标规划理论等与传统的拍卖理论结合起来，促进在线多属性采购拍卖理论发展，是值得深入研究的方向。

(8)考虑投标供应商数量多变性和投标价格波动性的多周期动态 OMARA 机制设计值得进一步研究。

(9)我们可以考虑两阶段或多阶段随机规划方法，求解不确定情形下的 OMARA-WDP 和数量分配问题。

(10)未来可基于后悔理论和博弈理论[192-217]来研究后悔心理行为影响下投标者的最优决策制定、买卖双方的效用水平，以及后悔参数值变化对相关结果的影响等问题，拓展当前已有的研究内容，为现实的 OMARA 参与者提供理论支持与决策参考。

参考文献

[1]于景元．一代宗师　百年难遇：钱学森系统科学思想和系统科学成就[J]．系统工程理论与实践，2011，31(s1)：1-7.

[2]MCAFEE R P，MCMILLAN J. Auctions and bidding[J]. Journal of Economic Literature，1987，25(2)：699-738.

[3]刘树林，王明喜．拍卖基本理论与扩展[M]．北京：科学出版社，2010.

[4] KLEMPERER P. Why every economist should learn some auction theory? [J]. CE-PR Discussion Papers，2000.

[5] WILLIAM VICKREY. Counterspeculation，auctions and competitive sealed tenders[J]. Journal of Finance，1961，16(1)：8-37.

[6]许永国．拍卖经济理论综述[J]．经济研究，2002(9)：84-91，95.

[7]马本江，曹露霞．多属性逆向拍卖理论研究进展[J]．技术经济，2014，33(11)：123-132.

[8]HUHNS M N，VIDAL J M. Online auctions[J]. IEEE Internet Computing，1999，3(3)：103-105.

[9]PINKER E J，SEIDMANN A，VAKRAT Y. Managing online auctions：current business and research issues[J]. Management Science，2003，49(11)：1457-1484.

[10]ZEITHAMMER R. Forward-looking bidding in online auctions[J]. Journal of Marketing Research，2006，43(3)：462-476.

[11]WANG Q，FENG J，JIANG X，et al. Multiple-winner award rules in online procure-ment auctions[J]. Production and Operations Management，2019，

28(10): 2533-2551.

[12]GUMUSSOY C A, CALISIR F. Understanding factors affecting e-reverse auction use: an integrative approach[J]. Computers in Human Behavior, 2009, 25(4): 975-988.

[13]BICHLER M. An experimental analysis of multi-attribute auctions[J]. Decision Support System, 2002, 9(3): 249-268.

[14]CHE Y K. Design competition through multidimensional auctions[J]. RAND Journal of Economics, 1993, 24(4): 668-680.

[15]Branco F. The design of multidimensional auctions[J]. RAND Journal of Economics, 1997, 28(1): 63-81.

[16]DAVID E. Bidding in sealed-bid and English multi-attribute auctions[J]. Decision Support System, 2006, 42(2): 527-556.

[17]LONG P, TEICH J, WALLENIUS H, et al. Multi-attribute online reverse auctions: recent research trends[J]. European Journal of Operational Research, 2015, 242(1): 1-9.

[18]朱阁，魏晓健．多属性反向拍卖机制研究进展[J]. 北京信息科技大学学报(自然科学版)，2016，31(2)：40-49.

[19]谢安石，李一军，尚维，等．拍卖理论的最新进展：多属性网上拍卖研究[J]. 管理工程学报，2006，20(3)：17-21.

[20]刘树林，王明喜．多属性采购拍卖理论与应用评述[J]. 中国管理科学，2009，17(1)：183-192.

[21]洪宗友，汪定伟．多属性招标拍卖中买卖双方的最优策略研究[J]. 系统工程学报，2014，29(4)：458-467.

[22]孙亚辉，冯玉强．多属性密封拍卖模型及最优投标策略[J]. 系统工程理论与实践，2010，30(7)：1185-1189.

[23]谢安石，李一军．基于模糊粗糙集的多属性网上拍卖决策[J]. 系统管理学报，2005，14(2)：182-184.

[24]秦全德，王晓晖，李荣钧．不完全偏好信息下国有企业并购多属性拍卖的模糊决策[J]. 管理工程学报，2012，26(4)：169-175.

[25]HUANG M, QIAN X, FANG S C, et al. Winner determination for

risk aversion buyers in multi-attribute reverse auction[J]. Omega, 2016, 59 (part B): 184-200.

[26]WANG S L, QU S J, MARK G, et al. Integrated multi-stage decision-making for winner determination problem in online multi-attribute reverse auctions under uncertainty [J]. International Journal of Fuzzy System, 2019, 21(8): 2354-2372.

[27]Zadeh L A. Fuzzy sets[J]. Information & Control, 1965, 8(3): 338-353.

[28]郭子雪，姜红新，齐美然．基于区间直觉模糊集的供应商选择方法[J]. 计算机工程与应用，2011，47(33)：216-218.

[29]WANG J Q, LI K J, ZHANG H Y. Interval-valued intuitionistic fuzzy multi-criteria decision-making approach based on prospect score function[J]. Knowledge-Based Systems, 2012, 27(3): 119-125.

[30]代文锋，仲秋雁，齐春泽．基于前景理论和三角模糊 MULTIMO-ORA 的多阶段决策方法[J]. 运筹与管理，2018，27(3)：74-81.

[31]肖钰，李华．基于三角模糊数的判断矩阵的改进及其应用[J]. 模糊系统与数学，2003，17(2)：59-64.

[32]陈晓红，阳熹．一种基于三角模糊数的多属性群决策方法[J]. 系统工程与电子技术，2008，30(2)：278-282.

[33]QIN Q, LIANG F, LI L, et al. A todim-based multi-criteria group decisionmaking with triangular intuitionistic fuzzy numbers[J]. Applied Soft Computing, 2017(55): 93-107.

[34]HO W, XU X, DEY P K. Multi-criteria decision making approaches for supplier evaluation and selection: a literature review[J]. European Journal of Operational Research, 2010, 202(1): 16-24.

[35]LIU S L, LAI K K, WANG S Y. Multiple criteria models for evaluation of competitive bids[J]. Journal of Mathematics Applied in Business and Industry, 2000, 11(3): 151-160.

[36]GOVINDAN K, RAJENDRAN S, SARKIS J, et al. Multi-criteria decision making approaches for green supplier evaluation and selection: a literature

review[J]. Journal of Cleaner Production, 2015, 98(Jul, 1): 66-83.

[37]LIU Z, LIU P, LIANG X. Multiple attribute decision-making method for dealing with heterogeneous relationship among attributes and unknown attribute weight information UNDERQ-RUNG ORTHOPAIR fuzzy environment [J]. International Journal of Intelligent Systems, 2018, 33(9): 1900-1928.

[38]CHENG C B. Reverse auction with buyer-supplier negotiation using bi-level distributed programming[J]. European Journal of Operational Research, 2011, 211(3): 601-611.

[39]CHERAGHALIPOUR A, FARSAD S. A bi-objective sustainable supplier selection and order allocation considering quantity discounts under disruption risks: a case study in plastic industry[J]. Computers & Industrial Engineering, 2018(118): 237-250.

[40]BABBAR C, AMIN S H. A multi-objective mathematical model integrating environmental concerns for supplier selection and order allocation based on fuzzy QFD in beverages industry[J]. Expert Systems with Applications, 2018(92): 27-38.

[41]KAHNEMAN D, TVERSKY A. Prospect theory: an analysis of decision under risk[J]. Econometrica, 1979, 47(2): 263-292.

[42]TVERSKY A, KAHNEMAN D. Advances in prospect theory: cumulative representation of uncertainty[J]. Journal of Risk and Uncertainty, 1992, 5(4): 297-323.

[43]刘培德. 一种基于前景理论的不确定语言变量风险型多属性决策方法[J]. 控制与决策, 2011, 26(6): 893-897.

[44]龚承柱, 李兰兰, 卫振锋, 等. 基于前景理论和隶属度的混合型多属性决策方法[J]. 中国管理科学, 2014, 22(10): 122-128.

[45]糜万俊, 戴跃伟. 基于前景理论的风险型混合模糊多准则群决策[J]. 控制与决策, 2017, 32(7): 1279-1285.

[46]郑君君, 韩笑, 邹祖绪. 引入前景理论的股权拍卖异质投标者竞价策略演化均衡研究[J]. 管理工程学报, 2015, 29(4): 109-116.

[47]NA Y, LIAO X, HUANG W W. Decision support for preference elicita-

tion in multi-attribute electronic procurement auctions through an agent-based intermediary[J]. Decision Support Systems, 2014, 57(1): 127-138.

[48]WANG H. Contingent payment auction mechanism in multidimensional procurement auctions[J]. European Journal of Operational Research, 2013, 224(2): 404-413.

[49]SANDHOLM T. Very large-scale generalized combinatorial multi-attribute auctions[M]. London: Oxford University Press, 2013.

[50]CHAN F T, KUMAR N. Global supplier development considering risk factors using fuzzy extended AHP-based approach[J]. Omega, 2007, 35(4): 417-431.

[51]DURÁN O, AGUILO J. Computer-aided machine-tool selection based on a Fuzzy-AHP approach[J]. Expert Systems with Applications, 2008, 34(3): 1787-1794.

[52]WIND Y, SAATY T L. Marketing applications of the Analytic Hierarchy Process[J]. Management Science, 1980, 26(7): 641-658.

[53]HUANG C C, CHU P Y, CHIANG Y H. A fuzzy AHP application in government-sponsored R&D project selection[J]. Omega, 2008, 36(6): 1038-1052.

[54]KILINCCI O, ONAL S A. Fuzzy AHP approach for supplier selection in a washing machine company[J]. Expert Systems with Applications, 2011, 38(8): 9656-9664.

[55]AYHAN M B, KILIC H S. A two-stage approach for supplier selection problem in multi-item/multi-supplier environment with quantity discounts[J]. Computers & Industrial Engineering, 2015(85): 1-12.

[56]PAKSOY T, PEHLIVAN N Y, KAHRAMAN C. Organizational strategy development in distribution channel management using fuzzy AHP and hierarchical fuzzy TOPSIS[J]. Expert Systems with Applications, 2012, 39(3): 2822-2841.

[57]HWANG C L, YOON K. Multiple attribute decision making: methods and applications[M]. Berlin: Springer, 1981.

[58]SINGH R K, BENYOUCEF L. Fuzzy logic and interval arithmetic-

based TOPSIS method for multicriteria reverse auctions[J]. Service Science, 2012, 4(2): 101-117.

[59]LIAO C N, KAO H P. An integrated fuzzy TOPSIS and MCGP approach to supplier selection in supply chain management[J]. Expert Systems with Applications, 2011, 38(9): 10803-10811.

[60]武刚. 层次交互式多属性电子拍卖中标人选择方法[J]. 管理科学, 2007, 20(3): 55-60.

[61]PARKES D C, KALAGNANAM J. Models for iterative multi-attribute procurement auctions[J]. Management Science, 2005, 51(3): 435-451.

[62]王建军, 杨德礼. 信息系统外包决策的 AHP/PROMETHEE 方法[J]. 管理学报, 2006, 3(3): 287-291.

[63]BRANS J P, VINCLE P. A preference ranking organization method [J]. Management Science, 2010, 31(6): 647-656.

[64] ATHAWALE V M, CHATTERJEE P, CHAKRABORTY S. Decision making for facility location selection using PROMETHEE II method[J]. International Journal of Industrial & Systems Engineering, 2012, 11(15): 16-30.

[65]BEHZADIAN M, KAZEMZADEH R B, ALBADVI A, et al. PROMETHEE: a comprehensive literature review on methodologies and applications[J]. European Journal of Operational Research, 2010, 200(1): 198-215.

[66]LOLLI F, ISHIZAKA A, GAMBERINI R, et al. Waste treatment: an environmental, economic and social analysis with a new group fuzzy PROMETHEE approach[J]. Clean Technologies and Environmental Policy, 2016, 18(5): 1317-1332.

[67]WANG Y M, LUO Y. Integration of correlations with standard deviations for determining attribute weights in multiple attribute decision making[J]. Mathematical & Computer Modelling, 2010, 51(1): 1-12.

[68]QU S J, ZHOU Y Y, ZHANG Y L, et al. Optimal strategy for a green supply chain considering shipping policy and default risk[J]. Computers & Industrial Engineering, 2019(131): 172-186.

[69]BOER L D, WEGEN L V D, TELGEN J. Outranking methods in sup-

port of supplier selection[J]. European Journal of Purchasing and Supply Management, 1998, 4(2/3): 109-118.

[70]ASSELLAOU H, OUHBI B, FRIKH B. Multi-objective programming for supplier selection and order allocation under disruption risk and demand, quality, and delay time uncertainties[J]. International Journal of Business Analytics, 2018, 5(2): 30-56.

[71]BOHNER C, MINNER S. Supplier selection under failure risk, quantity and business volume discounts[J]. Computers & Industrial Engineering, 2017, 104(2): 145-155.

[72]CHAI J Y, LIU J N K, NGAI E W T. Application of decision-making techniques in supplier selection: a systematic review of literature[J]. Expert Systems with Applications, 2013, 40(10): 3872-3885.

[73]DEMIRTAS E A, USTUN O. An integrated multiobjective decision making process for supplier selection and order allocation[J]. Omega, 2008, 36(1): 76-90.

[74]RAO C, XIAO X, GOH M, et al. Compound mechanism design of supplier selection based on multi-attribute auction and risk management of supply chain[J]. Computers & Industrial Engineering, 2017(105): 63-75.

[75]WAN S P, LI D F. Fuzzy LINMAP approach to heterogeneous MADM considering comparisons of alternatives with hesitation degrees[J]. Omega, 2013, 41(6): 925-940.

[76]CHEN C T, LIN C T, HUANG S F. A fuzzy approach for supplier evaluation and selection in supply chain management[J]. International Journal of Production Economics, 2006, 102(2): 289-301.

[77]LEE A H I. A fuzzy supplier selection model with the consideration of benefits, opportunities, costs and risks[J]. Expert Systems with Applications, 2009, 36(2): 2879-2893.

[78]GÜLÇIN BÜYÜKÖZKAN, GIZEM ÇIFÇI. A novel hybrid MCDM approach based on fuzzy DEMATEL, fuzzy ANP and fuzzy TOPSIS to evaluate green suppliers[J]. Expert Systems with Applications, 2012, 39(3): 3000-3011.

[79] ZHANG J, XIANG J, CHENG T C, et al. An optimal efficient multi-attribute auction for transportation procurement with carriers having multi-unit supplies[J]. Omega, 2019(83): 249-260.

[80] BICHLER M, KALAGNANAM J. Configurable offers and winner determination in multi-attribute auctions[J]. European Journal of Operational Research, 2005, 160(2): 380-394.

[81] WEBER C A, CURRENT J R, BENTON W C. Vendor selection criteria and methods[J]. European Journal of Operational Research, 1991, 50(1): 2-18.

[82] HU Y, WANG Y, LI Y, et al. An incentive mechanism in mobile crowd-sourcing based on multi-attribute reverse auctions[J]. Sensors, 2018, 18(10): 34-53.

[83] JAIN V, PANCHAL G, KUMAR S, et al. Universal supplier selection via multi-dimensional auction mechanisms for two-way competition in oligopoly market of supply chain[J]. Omega, 2014(47): 127-137.

[84] KOSTAMIS D, BEIL D R, DUENYAS I, et al. Total-cost procurement auctions: impact of suppliers' cost adjustments on auction format choice[J]. Management Science, 2009, 55(12): 1985-1999.

[85] WU C, BARNES D. A literature review of decision-making models and approaches for partner selection in agile supply chains[J]. Journal of Purchasing and Supply Management, 2011, 17(4): 256-274.

[86] HAMDAN S, CHEAITOU A. Supplier selection and order allocation with green criteria: an MCDM and multi-objective optimization approach[J]. Computers & Operations Research, 2017(81): 282-304.

[87] CHENG C B. Solving a sealed-bid reverse auction problem by multiple-criterion decision-making methods[J]. Computers and Mathematics with Applications, 2008, 56(12): 3261-3274.

[88] DONG J, WAN S. A new trapezoidal fuzzy linear programming method considering the acceptance degree of fuzzy constraints violated[J]. Knowledge-Based Systems, 2018(148): 100-114.

[89]TAVANA M, FALLAHPOUR A D I, CAPRIO D, et al. A hybrid intelligentfuzzy predictive model with simulation for supplier evaluation and selection[J]. Expert Systems with Applications, 2016(61): 129-144.

[90]LI D F, CHEN G H, HUANG Z G. Linear programming method for multi-attribute group decision making using IF sets[J]. Information Sciences, 2010, 180(9): 1591-1609.

[91] GENCER C, GURPINAR D. Analytic network process in supplier selection: a case-study in an electronic firm[J]. Applied Mathematical Modeling, 2007, 31(11): 2475-2486.

[92]YILMAZ B, DAGDEVIREN M. A combined approach for equipment selection: FPR-OMETHEE method and zero-one goal programming[J]. Expert Systems with Applications, 2011, 38(9): 11641-11650.

[93]CHOU S Y, CHANG Y H. A decision support system for supplier selection based on a strategy-aligned fuzzy SMART approach[J]. Expert Systems with Applications, 2008, 34(4): 2241-2253.

[94]KWONG C K, IP W H, CHAN J W K. Combining scoring method and fuzzy expert systems approach to supplier assessment: a case study[J]. Integrated Manufacturing Systems, 2002, 13(7): 512-519.

[95]OPRICOVIC S, TZENG G H. Compromise solution by MCDM methods: a comparative analysis of VIKOR and TOPSIS [J]. European Journal of Operational Research, 2004, 156(2): 445-455.

[96]ROY B. The outranking approach and the foundations of the ELECTRE methods[J]. Theory and Decision, 1991, 31(1): 49-73.

[97]GOMES L F A M, LIMA M M P P. TODIM: basics and application to multi-criteriaranking of projects with environmental impacts[J]. Foundations of Computing and Decision Sciences, 1992, 16(4): 113-127.

[98] ATEFEH, AMINDOUST, SHAMSUDDIN, et al. Supplier selection and performance evaluation of telecommunication company[J]. American Journal of Engineering and Applied Sciences, 2012, 5(1): 49-52.

[99]ANOJKUMAR L, ILANGKUMARAN M, SASIREKHA V. Comparative

analysis of MCDM methods for pipe material selection in sugar industry[J]. Expert Systems with Applications, 2014, 41(6): 2964-2980.

[100]KAYA I, COLAK M, TERZI F. A comprehensive review of fuzzy multi-criteria decision making methodologies for energy policy making[J]. Energy Strategy Review, 2019(24): 207-228.

[101]ILBAHAR E, CEBI S, KAHRAMAN C. A state-of-the-art review on multi-attribute renewable energy decision making[J]. Energy Strategy Review, 2019(25): 18-33.

[102]KROHLING R A, SOUZA T T M D. Combining prospect theory, fuzzy numbers to multi-criteria decision making[J]. Expert Systems with Applications, 2012, 39(13): 11487-11493.

[103]FAN Z P, ZHANG X, CHEN F D, et al. Extended TODIM method for hybrid multiple attribute decision making problems[J]. Knowledge-Based Systems, 2013, 42(2): 40-48.

[104]SANAYEI A, MOUSAVI S F, YAZDANKHAH A. Group decision making process for supplier selection with VIKOR under fuzzy environment[J]. Expert Systems with Applications, 2010, 37(1): 24-30.

[105]SHEMSHADI A, SHIRAZI H, TOREIHI M, et al. A fuzzy VIKOR method for supplier selection based on entropy measure for objective weighting[J]. Expert Systems with Applications, 2011, 38(10): 12160-12167.

[106]ZHANG K, KLUCK C, ACHARI G, et al. A comparative approach for ranking contaminated sites based on the risk assessment paradigm using fuzzy PROMETHEE[J]. Environmental Management, 2009, 44(5): 952-967.

[107]SEVKLI M. An application of the fuzzy ELECTRE method for supplier selection[J]. International Journal of Production Research, 2010, 48(12): 3393-3405.

[108]LIAO H C, YANG L Y, XU Z S. Two new approaches based on ELECTRE II to solve the multiple criteria decision making problems with hesitant fuzzy linguistic term sets[J]. Applied Soft Computing, 2018(63): 223-234.

[109]BARBERIS N, HUANG M, SANTOS T, et al. Prospect theory and

asset prices[J]. Quarterly Journal of Economics, 2001, 116(1): 1-53.

[110]LIU Y, FAN Z, ZHANG Y, et al. Risk decision analysis in emergency response: a method based on cumulative prospect theory[J]. Computers & Operations Research, 2014, 42(2): 75-82.

[111]张晓，樊治平．基于前景理论的风险型混合多属性决策方法[J]. 系统工程学报，2012，27(6)：772-781.

[112]于洋洋．基于前景理论的逆向拍卖胜者确定问题的研究[D]. 沈阳：东北大学，2017.

[113]KRISHNA V. Auction theory[M]. Houston: Academic Press, 2003.

[114]MENEZES F M, MONTEIRO P K. An introduction to auction theory[M]. New York: Oxford University Press, 2005.

[115]KAPLAN T R, ZAMIR S. Advances in auctions[J]. Handbook of Game Theory with Economic Applications, 2015, 4(1): 381-453.

[116] ANANDALINGAM G, et al. The landscape of electronic market design[J]. Management Science, 2005, 51(3): 316-327.

[117]ZHAN R L. Optimality and efficiency in auctions design: a survey[M]// Pareto optimality, game theory and equilibria. New York: Springer, 2008.

[118]MYERSON R B. Optimal auction design[J]. Mathematics of Operations Research, 1981, 6(1): 58-73.

[119] GAURAV BARANWAL, DINESH KUMAR, ZAHID RAZA, et al. Auction based resource provisioning in cloud computing[M]. Singapore: Springer, 2018.

[120]MAS-COLELL A, MD WHINSTON, GREEN J R, et al. Microeconomic theory[M]. London: Oxford University Press, 1995.

[121]王明喜．拍卖理论与应用：基于 Cobb-Douglas 效用函数的研究[M]. 北京：科学出版社，2013.

[122]TORRA V. Hesitant fuzzy sets[J]. Journal of Intelligent Systems, 2010, 25(6): 529-539.

[123]XU Z, ZHANG X. Hesitant fuzzy multi-attribute decision making based on TOPSIS with incomplete weight information[J]. Knowledge Based Sys-

tems, 2013, 52(6): 53-64.

[124] TONG X, YU L. MADM based on distance and correlation coefficient measures with decision-maker preferences under a hesitant fuzzy environment [J]. Soft Computing, 2016, 20(11): 4449-4461.

[125] MENG F, CHEN X. Correlation coefficients of hesitant fuzzy sets and their application based on fuzzy measures [J]. Cognitive Computation, 2015, 7(4): 445-463.

[126] LI P, WU J, HUI Q. Assessment of groundwater quality for irrigation purposes and identification of hydrogeochemical evolution mechanisms in Pengyang County, China [J]. Environmental Earth Sciences, 2012, 69(7): 2211-2225.

[127] İRFAN ERTUĞRUL. Fuzzy group decision making for the selection of facility location [J]. Group Decision & Negotiation, 2011, 20(6): 725-740.

[128] GOMES L F A M, RANGEL L A D, MARANHÃO F J C. Multicriteria analysis of natural gas destination in Brazil: an application of the TODIM method [J]. Mathematical & Computer Modelling, 2009, 50(1): 92-100.

[129] HUANG J, LI Z, LIU H C. New approach for failure mode and effect analysis using linguistic distribution assessments and TODIM method [J]. Reliability Engineering & System Safety, 2017(167): 302-309.

[130] OPRICOVIC S. Multi-criteria optimization of civil engineering systems [M]. Belgrade: Faculty of Civil Engineering, 1998.

[131] ILANGKUMARAN M, KUMANAN S. Application of Hybrid VIKOR model in selection of maintenance strategy [J]. International Journal of Information Systems and Supply Chain Management, 2012, 5(2): 59-81.

[132] BENAYOUN R, ROY B, SUSSMANN B. ELECTRE: une méthode pour guider le choix en présence de points de vue multiples SEMA (metra international) [J]. Direction Scientifique, 1966, 49(6): 179-191.

[133] FIGUEIRA J, MOUSSEAU V, ROY B. ELECTRE methods [M] // FIGUEIRA, J, GRECO S, EHRGOTT M (eds). Multiple criteria decision analysis: state of the art surveys. Boston: Springer, 2005: 133-162.

[134]MEI Y, XIE K. Evacuation strategy of emergent event in metro station based on the ELECTRE method[J]. Granular Computing, 2018, 3(3): 209-218.

[135]TANINO T, TANAKA T, INUIGUCHI M. Multi-objective programming and goal pro-gramming[M]. Berlin Heidelberg: Springer, 2009.

[136]TOPALOGLU S. A multi-objective programming model for scheduling emergency medicine residents [J]. Computers and Industrial Engineering, 2006, 51(3): 375-388.

[137]WU Y, JIA G, CHENG Y. Cloud manufacturing service composition and optimal selection with sustainability considerations: a multi-objective integer bilevel multi-follower programming approach[J]. International Journal of Production Research, 2019(4): 1-19.

[138]BRACKEN J, MCGILL J. Mathematical programs with optimization problems in the constraints[J]. Operation Research, 1973(21): 37-44.

[139]周爱民，谭春桥．双层规划模型及其算法研究综述[J]．湖南科技学院学报，2005，26(2)：133-137

[140]王广民，万仲平，等．二(双)层规划综述[J]．数学进展，2007，36(5)：513-523.

[141]BEN-AYED O, BLAIR C E. Computational difficulties of bilevel linear programming[J]. Operations Research, 1990(38): 556-560.

[142] EICHFELDER G. Multiobjective bilevel optimization [J]. Mathematical Programming, 2010, 123(2): 419-449.

[143]YIN Y. Multiobjective Bilevel optimization for transportation planning and management problems[J]. Journal of Advanced Transportation, 2002, 36(1): 93-105.

[144]龙勇，刘超，汪於．微电网利益相关者合作运营的双层规划模型[J]．管理科学学报，2019，22(5)：69-82.

[145]JI Y, QU S J, YU Z S. Bi-level multi-objective optimization model for last mile delivery using a discrete approach[J]. Journal of Difference Equations and Applications, 2017, 23(1/2): 179-190.

[146]PIEUME C O, MARCOTTE P, FOTSO L P, et al. Solving bilevel linear multiobjective programming problems[J]. American Journal of Operations Research, 2011, 1(4): 214-219.

[147]PRAMANIK S, ROY T K. Fuzzy goal programming approach to multi-level prograr-mning problems[J]. European Journal of Operational Research, 2007(176): 1151-1166.

[148]DEB K, SINHA A. An efficient and accurate solution methodology for bilevel multi-objective programming problems using a hybrid evolutionary-local-search algorithm [J]. Evolutionary Computation, 2010, 18 (3): 403-449.

[149]SINHA A, MALO P, DEB K. Evolutionary bilevel optimization: an introduction and recent advances[M]//BECHIKH S, DATTA R, GUPTA A (eds). Recent advances in evolutionary multi-objective optimization. Berlin: Springer International Publishing, 2017.

[150]ANDREANI R, RAMIREZ V A, SANTOS S A, et al. Bilevel optimization with a multiobjective problem in the lower level[J]. Numerical Algorithms, 2019, 81(3): 915-946.

[151]CHENG C B, LAI Y J, CHAN K. Solving a reverse auction problem by bilevel distributed programming and genetic algorithm [J]. International Journal of Revenue Management, 2011, 5(2/3): 234-260.

[152]CHEN-RITZO C, HARRISON T, KWASNICA A M, et al. Better, faster, cheaper: a experimental analysis of a multiattribute reverse auction mechanism with restricted information feedback [J]. Management Science, 2005, 51(12): 1753-1762.

[153]OIKE Y, IKEDA M, ASADA K. A high-speed and low-voltage associative coprocessor with exact Hamming/Manhattan-distance estimation using word-parallel and hierarchical search architecture [J]. IEEE Journal of Solid-State Circuits, 2004, 39(8): 1383-1387.

[154]LIN T T, TSAI S C, TZENG W G. Permutation arrays under the

Chebyshev distance[J]. IEEE Transactions on Information Theory, 2010, 56(6): 2611-2617.

[155] BEIL D R, WEIN L M. An inverse-optimization-based auction mechanism to support a multi-attribute RFQ process[J]. Management Science, 2003, 49(11): 1529-1545.

[156] BELLOSTA M, KORNMAN S, VANDERPOOTEN D. Preference-based English reverse auctions[J]. Artificial Intelligence, 2011, 175(7): 1449-1467.

[157] LIU S, LIU C, HU Q, et al. Optimal procurement strategies by reverse auctions with stochastic demand[J]. Economic Modelling, 2013(35): 430-435.

[158] XU J, FENG Y, HE W, et al. Procurement auctions with EX POST cooperation between capacity constrained bidders[J]. European Journal of Operational Research, 2017, 260(3): 1164-1174.

[159] QIAN X, FANG S, HUANG M, et al. Winner determination of loss-averse buyers with incomplete information in multiattribute reverse auctions for clean energy device procurement[J]. Energy, 2019(177): 276-292

[160] SIMIC D, KOVACEVIC I, SVIRCEVIC V, et al. 50 years of fuzzy set theory and models for supplier assessment and selection: a literature review [J]. Journal of Applied Logic, 2017(24): 85-96.

[161] XU Z, XIA M. On distance and correlation measures of hesitant fuzzy information[J]. Journal of Intelligent Systems, 2011, 26(5): 410-425.

[162] ZHANG X, XU Z. The TODIM analysis approach based on novel measured functions under hesitant fuzzy environment[J]. Knowledge Based Systems, 2014, 61(1): 48-58.

[163] LI J, WANG J, HU J, et al. Consensus building for hesitant fuzzy preference relations with multiplicative consistency[J]. Computers & Industrial Engineering, 2019(128): 387-400.

[164] WAN S, DONG J. Possibility linear programming with trapezoidal fuzzy numbers[J]. Applied Mathematical Modelling, 2014, 38(5): 1660-1672.

[165]XU S X, HUANG G Q. Efficient multi-attribute multi-unit auctions for B2B e-commerce logistics[J]. Production and Operations Management, 2017, 26(2): 292-304.

[166]LESSAN J, KARABATI S. A preference-based, multi-unit auction for pricing and capacity allocation[J]. Computers & Operations Research, 2018(91): 237-246.

[167]杨锋，何慕佳，梁樑. 基于多属性逆向拍卖的节能服务公司选择研究[J]. 中国管理科学，2015(5): 100-108.

[168]ANSARI E, REZAI H Z. Solving multi-objective linear bilevel multi-follower programming problem[J]. International Journal of Industrial Mathematics, 2011, 3(4): 303-316.

[169]BELLMAN R E, ZADEH L A. Decision-making in a fuzzy environment[J]. Management Science, 1970, 17(4): 141-164.

[170]SHIH H S, LAI Y J, LEE E S. Fuzzy approach for multi-level programming problems[J]. Computers and Operations Research, 1996, 23(1): 73-91.

[171]KE H, HUANG H, RALESCU D A, et al. Fuzzy bilevel programming with multiple non-cooperative followers: model, algorithm and application[J]. International Journal of General Systems, 2016, 45(3): 336-351.

[172]DU J M, LI X, YU L A, et al. Multi-depot vehicle routing problem for hazardous materials transportation: a fuzzy bilevel programming[J]. Information Sciences, 2017(399): 201-218.

[173]LAI Y J, HWANF C L. Possibilistic linear programming for managing rate risk[J]. Fuzzy Sets and Systems, 1993, 54(2): 135-146.

[174]SIBALIJA T V. Particle swarm optimisation in designing parameters of manufacturing processes: a review(2008-2018)[J]. Applied Soft Computing, 2019(84): 105743.

[175]ALRASHIDI M R, EL-HAWARY M E. A survey of particle swarm optimization applications in electric power systems[J]. IEEE Transactions on Ev-

olutionary Computation, 2009, 13(4): 913-918.

[176]张涛. 二层多目标规划问题的粒子群算法及应用研究[D]. 武汉: 武汉大学, 2014.

[177]谢畅, 王蓓蓓, 赵盛楠, 等. 基于双层粒子群算法求解电力市场均衡[J]. 电网技术, 2018, 42(4): 1170-1177.

[178]XU Y, XU A, WANG H. Hesitant fuzzy linguistic linear programming technique for multidimensional analysis of preference for multi-attribute group decision making[J]. International Journal of Machine Learning & Cybernetics, 2016, 7(5): 845-855.

[179]LIU Z M, QU S J, GOH M, et al. Optimization of fuzzy demand distribution supply chain using modified sequence quadratic programming approach [J]. Journal of Intelligent & Fuzzy Systems, 2019, 36(6): 6167-6180.

[180]RATAN A, WEN Y. Does regret matter in first-price auctions? [J]. Economics Letters, 2016(143): 114-117.

[181]高广鑫, 樊治平, 尤天慧, 等. 考虑全局投标者后悔心理行为的组合拍卖的投标均衡策略[J]. 运筹与管理, 2019, 28(1): 135-144.

[182]刘祥俊. 云工作流系统中基于组合反向拍卖的资源分配机制研究[D]. 合肥: 安徽大学, 2016.

[183]吴士亮, 仲琴, 张庆民, 等. 一种基于多属性双向拍卖的在线应用服务选择方法[J]. 管理工程学报, 2018, 32(2): 137-143.

[184]李志鹏, 黄河, 徐鸿雁. 供应风险下双源采购批发单价拍卖最优设计[J]. 管理科学学报, 2017, 20(8): 39-49.

[185]陈崇萍, 陈志祥. 供应商产出随机与供应中断下的双源采购决策[J]. 中国管理科学, 2019, 27(6): 113-122.

[186]扈衷权, 田军, 冯耕中. 基于数量柔性契约的双源应急物资采购定价模型[J]. 中国管理科学, 2019(12): 100-112.

[187]饶从军, 赵勇, 李武. 可分离物品多属性多源采购的优化决策模型[J]. 控制与决策, 2011, 26(3): 433-438.

[188]董银红, 郑琪, 李龙. 考虑供应风险的多源应急物资采购双层

规划模型[J]. 中国管理科学，2021，29(11)：170-178.

[189]王世磊，屈绍建，马刚. 基于前景理论和模糊理论的在线多属性采购拍卖供应商选择决策[J]. 控制与决策，2020，35(11)：2637-2645.

[190]詹泽雄，吴宗法. 基于心理账户前景价值的投资项目多属性行为决策方法研究[J]. 电子科技大学学报(社科版)，2021，23(2)：57-64.

[191]张明远，李登峰. 基于后悔理论的 IT 软件外包双边匹配决策方法[J]. 科技管理研究，2017，32(24)：207-214.

[192]LOOMES G，SUGDEN R. Regret theory：an alternative theory of rational choice under uncertainty[J]. Journal of Economic，1982，92(368)：805-824.

[193]BELL D E. Regret in decision making under uncertainty[J]. Operations Research，1982，30(5)：961-981.

[194]BELL D E. Risk premium in decision regret[J]. Management Science，1983，29(10)：1156-1166.

[195]BELL D E. Disappointment in decision making under uncertainty[J]. Operations Research，1985，33(1)：1-27.

[196]ENGELBRECHT-WIGGANS R. The effect of regret on optimal bidding in auctions[J]. Management Science，1989，35(6)：685-692.

[197]ENGELBRECHT-WIGGANS R，KATOK E. Regret in auctions：theory and evidence[J]. Economic Theory，2007，33(1)：81-101.

[198]ENGELBRECHT-WIGGANS R，KATOK E. Regret and feedback information in first-price sealed-bid auctions[J]. Management Science，2008，54(4)：808-819.

[199]ENGELBRECHT-WIGGANS R，KATOK E. A direct test of risk aversion and regret in first price sealed-bid auctions[J]. Decision Analysis，2009，6(2)：75-86.

[200]ZEELENBERG M. Anticipated regret，expected feedback and behavioral decision making[J]. Journal of Behavioral Decision Making，1999，12(2)：93-106.

[201]FILIZ-OZBAY E，OZBAY E Y. Auctions with anticipated regret：theory and experiment[J]. American Economic Review，2007，97(4)：1407-1418.

[202]HARIHARAN A，ADAM M T，TEUBNER T，et al. Think，feel，bid：the impact of environmental conditions on the role of bidders' cognitive and affective processes in auction bidding[J]. Electronic Markets，2016，26(4)：339-355.

[203]QIAN X，FANG S，HUANG M，et al. Reverse auctions with regret-anticipatedbidders[J]. Annals of Operations Research，2018，268(1)：293-313.

[204]GOKTEPE K. A theory of regret[J]. Contemporary Political Theory，2019，18(3)：202-205.

[205]SOMASUNDARAM J，DIECIDUE E. Regret theory and risk attitudes[J]. Journal of Risk and Uncertainty，2017，55(2)：147-175.

[206]KIRKEBØEN G，TEIGEN K H. Pre-outcome regret：widespread and overlooked[J]. Journal of Behavioral Decision Making，2011，24(3)：267-292.

[207]BRAUN M，MUERMANN A. The impact of regret on the demand for insurance[J]. Journal of Risk and Insurance，2004，71(4)：737-767.

[208]MICHENAUD S，SOLNIK B. Applying regret theory to investment choices：currency hedging decisions[J]. Journal of International Money and Finance,2008，27(5)：677-694.

[209]SHANI Y，DANZIGER S，ZEELENBERG M. Choosing between options associated with past and future regret[J]. Organizational Behavior and Human Decision Processes，2015(126)：107-114.

[210]NASIRY J I. Advance selling when consumers regret[J]. Management Science，2012，58(6)：1160-1177.

[211]余高锋，李登峰，叶银芳，等．考虑后悔规避的异质多属性变权决策方法[J]．计算机集成制造系统，2017，23(1)：154-161.

[212]张晓，樊治平，陈发动．基于后悔理论的风险型多属性决策方法[J]．系统工程理论与实践，2013，33(9)：2313-2320.

[213]章恒全，涂俊玮．基于后悔理论的模糊多准则群决策方法[J].

统计与决策，2018，34(7)：46-50.

[214]ZHANG S，ZHU J，LIU X，et al. Regret theory-based group decision-making with multidimensional preference and incomplete weight information [J]. Information Fusion，2016，31(31)：1-13.

[215]聂佳佳，丁龙．消费者预期后悔对服务商竞争策略的影响[J]. 软科学，2016，30(9)：83-89.

[216]蔡晓敏．考虑投标者行为的一级价格密封式拍卖投标策略研究[D]. 沈阳：东北大学，2013.

[217]高广鑫，樊治平．考虑投标者后悔的一级密封拍卖的最优投标策略[J]. 管理科学，2016，29(1)：1-14.

附　录

附录 A　F-TOPSIS 方法的竞标方案排序

F-TOPSIS 方法求解第 3.4 节 OMARA-WDP 算例的计算结果见表 A.1 至表 A.3。

表 A.1　基于投标方案的加权竞标评价矩阵 $\tilde{V}$

	G_1	G_2	G_3	G_4
S_1	[0.0522, 0.0580, 0.0652]	[0.0649, 0.0974, 0.1298]	[0.0319, 0.0478, 0.0956]	[0.0303, 0.0454, 0.0605]
S_2	[0.0652, 0.0745, 0.0869]	[0.0325, 0.0649, 0.0974]	[0.0239, 0.0478, 0.0956]	[0.0151, 0.0303, 0.0454]
S_3	[0.0522, 0.0652, 0.0869]	[0.0649, 0.0974, 0.1298]	[0.0239, 0.0319, 0.0478]	[0.0454, 0.0605, 0.0605]
S_4	[0.0474, 0.0522, 0.0580]	[0.0649, 0.0974, 0.1298]	[0.0239, 0.0319, 0.0478]	[0.0303, 0.0454, 0.0605]
S_5	[0.0652, 0.0745, 0.0869]	[0.0325, 0.0649, 0.0974]	[0.0319, 0.0478, 0.0956]	[0.0303, 0.0454, 0.0605]

表 A.2　正理想方案 A^+ 和负理想方案 A^-

	G_1	G_2	G_3	G_4
A^+	[0.0652, 0.0745, 0.0869]	[0.0649, 0.0974, 0.1298]	[0.0319, 0.0478, 0.0956]	[0.0454, 0.0605, 0.0605]
A^-	[0.0474, 0.0522, 0.0580]	[0.0325, 0.0649, 0.0974]	[0.0122, 0.0183, 0.0367]	[0.0211, 0.0317, 0.0423]

表 A. 3　投标方案与 A^+ 与 A^- 的距离、相对贴近度 RC_i^+ 及最终竞标方案排序

	D_i^+	D_i^-	RC_i^+	方案排序
S_1	0. 0298	0. 0830	0. 2642	1
S_2	0. 0632	0. 0525	0. 5462	4
S_3	0. 0387	0. 0771	0. 3342	2
S_4	0. 0652	0. 0476	0. 5780	5
S_5	0. 0448	0. 0680	0. 3972	3

附录 B　F-TODIM 方法的竞标方案排序

F-TODIM 方法求解第 3. 4 节 OMARA-WDP 算例的计算结果见表 B. 1 至表 B. 6。

表 B. 1　基于属性 G_1 下的占优度矩阵 Ψ_1

	S_1	S_2	S_3	S_4	S_5
S_1	0. 0000	−0. 5019	−0. 3772	0. 0770	−0. 5019
S_2	0. 1308	0. 0000	0. 08638	0. 1517	0. 0000
S_3	0. 0983	−0. 3311	0. 0000	0. 1248	−0. 3311
S_4	−0. 2954	−0. 5823	−0. 4790	0. 0000	−0. 5823
S_5	0. 1308	0. 0000	0. 0863	0. 1517	0. 0000

表 B. 2　基于属性 G_2 下的占优度矩阵 Ψ_2

	S_1	S_2	S_3	S_4	S_5
S_1	0. 0000	0. 1801	0. 0000	0. 0000	0. 1801
S_2	−0. 2112	0. 0000	−0. 5176	−0. 5176	0. 0000
S_3	0. 0000	0. 1801	0. 0000	0. 0000	0. 1801
S_4	0. 0000	0. 1801	0. 0000	0. 0000	0. 1801
S_5	−0. 2112	0. 0000	−0. 5176	−0. 5176	0. 0000

表 B. 3 基于属性 G_3 下的占优度矩阵 Ψ_3

	S_1	S_2	S_3	S_4	S_5
S_1	0. 0000	0. 0516	0. 1546	0. 1546	0. 0000
S_2	−0. 2443	0. 0000	0. 1457	0. 1457	−0. 2443
S_3	−0. 7320	−0. 6901	0. 0000	0. 0000	−0. 7320
S_4	−0. 7320	−0. 6901	0. 0000	0. 0000	−0. 7320
S_5	0. 0000	0. 0516	0. 1546	0. 1546	0. 0000

表 B. 4 基于属性 G_4 下的占优度矩阵 Ψ_4

	S_1	S_2	S_3	S_4	S_5
S_1	0. 0000	0. 1230	−0. 5572	0. 0000	0. 0000
S_2	−0. 6823	0. 0000	−0. 8809	−0. 6823	−0. 6823
S_3	0. 1004	0. 1588	0. 0000	0. 1004	0. 1004
S_4	0. 0000	0. 1230	−0. 5572	0. 0000	0. 0000
S_5	0. 0000	0. 1230	−0. 5572	0. 0000	0. 0000

表 B. 5 方案 S_i 相对于 S_k 的整体优势度 φ（S_i，S_k）

	S_1	S_2	S_3	S_4	S_5
S_1	0. 0000	−0. 1472	−0. 7798	0. 2316	−0. 3218
S_2	−1. 0070	0. 0000	−0. 1664	−0. 9025	−0. 9266
S_3	−0. 5333	−0. 6823	0. 0000	0. 2252	−0. 7826
S_4	−1. 0274	−0. 9663	−1. 0362	0. 0000	−1. 1342
S_5	−0. 0804	0. 1746	−0. 8339	−0. 2113	0. 0000

表 B. 6 全部投标方案(或供应商)的排序结果

	综合占优度 $\xi(S_i)$	排序
S_1	0. 9794	2
S_2	0. 0512	4

续表

	综合占优度 $\xi(S_i)$	排序
S_3	0.7444	3
S_4	0.0000	5
S_5	1.0000	1

附录 C F-VIKOR 方法的竞标方案排序

F-VIKOR 方法求解第 3.4 节 OMARA-WDP 算例的计算结果见表 C.1 至表 C.3。

表 C.1 每个属性的最理想值 $\tilde{p}'^{+}_{j}$ 与最差值 $\tilde{p}'^{-}_{j}$

	$\tilde{p}'^{+}_{j}$	$\tilde{p}'^{-}_{j}$
G_1	[0.2502, 0.2859, 0.3336]	[0.1820, 0.2002, 0.2224]
G_2	[0.1865, 0.2798, 0.3730]	[0.0933, 0.1865, 0.2798]
G_3	[0.1509, 0.2263, 0.4526]	[0.1131, 0.1509, 0.2263]
G_4	[0.2518, 0.3357, 0.3357]	[0.0839, 0.1678, 0.2518]

表 C.2 每个竞标方案的效用测度 H_i 与遗憾测度 R_i

	H_i	R_i
S_1	0.2656	0.1934
S_2	0.5518	0.3480
S_3	0.2955	0.2112
S_4	0.5440	0.2606
S_5	0.4202	0.3480

表 C.3 综合指标 δ_i 以及投标方案(或供应商)的排序

	δ_i	排序
S_1	0.0000	1(2)
S_2	1.0000	5
S_3	0.1098	1(2)
S_4	0.7037	3
S_5	0.7701	4

注：由 $\delta_3-\delta_1=0.1098<1/(5-1)=0.25$ 及 $\delta_4-\delta_1=0.5939>1/(5-1)=0.25$ 可知，S_1 不满足可接受的优势条件和可接受的稳定性条件[105]，所以 S_1 和 S_3 都是折中的解决方案，即 S_1 和 S_3 是无差异的，均可视为最优投标方案。

附录 D　F-PROMETHEE Ⅱ方法的竞标方案排序

F-PROMETHEE Ⅱ 方法求解第 3.4 节算例的计算结果见表 D.1、表 D.2。

表 D.1 相对偏好度指标 $\gamma_j(S_a, S_b)$ 与全局偏好度指标 $\pi(S_a, S_b)$

$\gamma_j(S_a, S_b)$	G_1	G_2	G_3	G_4	$\pi(S_a, S_b)$
$\gamma(S_1, S_2)$	0.0000	0.0932	0.0126	0.0839	0.0502
$\gamma(S_1, S_3)$	0.0000	0.0000	0.1132	0.0000	0.0239
$\gamma(S_1, S_4)$	0.0227	0.0000	0.1132	0.0000	0.0298
$\gamma(S_1, S_5)$	0.0000	0.0932	0.0000	0.0000	0.0324
$\gamma(S_2, S_1)$	0.0656	0.0000	0.0000	0.0000	0.0171
$\gamma(S_2, S_3)$	0.0286	0.0000	0.1006	0.0000	0.0287
$\gamma(S_2, S_4)$	0.0884	0.0000	0.1006	0.0000	0.0443
$\gamma(S_2, S_5)$	0.0000	0.0000	0.0000	0.0000	0.0000
$\gamma(S_3, S_1)$	0.0371	0.0000	0.0000	0.0560	0.0198
$\gamma(S_3, S_2)$	0.0000	0.0932	0.0000	0.1399	0.0577
$\gamma(S_3, S_4)$	0.0598	0.0000	0.0000	0.0560	0.0257

续表

$\gamma_j(S_a, S_b)$	G_1	G_2	G_3	G_4	$\pi(S_a, S_b)$
$\gamma(S_3, S_5)$	0.0000	0.0932	0.0000	0.0560	0.0425
$\gamma(S_4, S_1)$	0.0000	0.0000	0.0000	0.0000	0.0000
$\gamma(S_4, S_2)$	0.0000	0.0932	0.0000	0.0839	0.0476
$\gamma(S_4, S_3)$	0.0000	0.0000	0.0000	0.0000	0.0000
$\gamma(S_4, S_5)$	0.0000	0.0932	0.0000	0.0000	0.0324
$\gamma(S_5, S_1)$	0.0656	0.0000	0.0000	0.0000	0.0171
$\gamma(S_5, S_2)$	0.0000	0.0000	0.0126	0.0839	0.0178
$\gamma(S_5, S_3)$	0.0286	0.0000	0.1132	0.0000	0.0314
$\gamma(S_5, S_4)$	0.0884	0.0000	0.1132	0.0000	0.0469

表 D.2　正、负及净优先流与竞标方案的排序

	$\varphi^+(S_i)$	$\varphi^-(S_i)$	$\varphi(S_i)$	排序
S_1	0.0341	0.0135	0.0206	1
S_2	0.0225	0.0433	-0.0208	5
S_3	0.0364	0.0210	0.0154	2
S_4	0.0200	0.0367	-0.0167	4
S_5	0.0283	0.0268	0.0015	3

附录 E　F-ELECTRE Ⅱ 方法的竞标方案排序

F-ELECTRE Ⅱ 方法求解第 3.4 节算例的计算结果见表 E.1 至表 E.5。

表 E.1　一致与不一致区间集 C_{xy} 与 D_{xy}

C_{12}	{2, 3, 4}	D_{12}	{1}
C_{13}	{3}	D_{13}	{1, 4}
C_{14}	{1, 3}	D_{14}	{4}
C_{15}	{2}	D_{15}	{1}

续表

C_{12}	{2, 3, 4}	D_{12}	{1}
C_{21}	{1}	D_{21}	{2, 3, 4}
C_{23}	{1, 3}	D_{23}	{2, 4}
C_{24}	{1, 3}	D_{24}	{2, 4}
C_{25}	∅	D_{25}	{3, 4}
C_{31}	{1, 4}	D_{31}	{3}
C_{32}	{2, 4}	D_{32}	{1, 3}
C_{34}	{1, 4}	D_{34}	∅
C_{35}	{2, 4}	D_{35}	{1, 3}
C_{41}	∅	D_{41}	{1, 3}
C_{42}	{2, 4}	D_{42}	{1, 3}
C_{43}	∅	D_{43}	{1, 4}
C_{45}	{2}	D_{45}	{1, 3}
C_{51}	{1}	D_{51}	{2}
C_{52}	{3, 4}	D_{52}	∅
C_{53}	{1, 3}	D_{53}	{2, 4}
C_{54}	{1, 3}	D_{54}	{2}

表 E.2 一致性矩阵 C

	S_1	S_2	S_3	S_4	S_5
S_1	—	0.7395	0.2112	0.4783	0.3480
S_2	0.2605	—	0.4783	0.4783	0.0000
S_3	0.4408	0.5283	—	0.4408	0.5283
S_4	0.0000	0.5283	0.0000	—	0.3480
S_5	0.2605	0.3915	0.4717	0.4717	—

表 E.3　不一致性矩阵 D

	S_1	S_2	S_3	S_4	S_5
S_1	—	0.5272	0.3104	0.0000	0.5262
S_2	1.0000	—	1.0000	1.0000	0.4666
S_3	0.7369	0.6547	—	0.0000	0.7369
S_4	0.7369	0.7091	0.4800	—	0.7369
S_5	1.0000	0.0000	1.0000	1.0000	—

表 E.4　一致布林矩阵 E 与不一致布尔矩阵 F

E					F				
S_1	S_2	S_3	S_4	S_5	S_1	S_2	S_3	S_4	S_5
0	1	0	1	0	0	1	1	1	1
0	0	1	1	0	0	0	0	0	1
1	1	0	1	1	1	1	0	1	1
0	1	0	0	0	1	0	1	0	0
0	1	1	1	0	0	1	0	0	0

表 E.5　全局布尔矩阵 U 与投标方案(或供应商)排序

	S_1	S_2	S_3	S_4	S_5	σ_i	S_i	排序
S_1	0	1	0	1	0	2	S_1	2
S_2	0	0	0	0	0	0	S_2	4(5)
S_3	1	1	0	1	1	4	S_3	1
S_4	0	0	0	0	0	0	S_4	4(5)
S_5	0	1	0	0	0	1	S_5	3

学术术语索引

致　谢

本书系河南省哲学社会科学规划年度项目“不确定情形下在线多属性反向拍卖机制设计与决策方法研究”(2021CJJ152)和河南省重点研发与推广专项(科技攻关)项目“复杂不确定情形下在线多属性反向拍卖决策机制研究”(222102210117)的阶段性研究成果。本书的出版得到上述两个项目的基金资助以及河南省一流本科专业(工商管理)的大力支持,在此表示感谢。在书稿完成之际,我要向一直以来关心和支持我的亲人和朋友表示衷心的感谢!

我要由衷地感谢我的博导屈绍建教授。屈老师严谨的治学态度和对真理的执着追求无时无刻不影响着我,他严谨的治学态度更是我完成学业的坚强保障。在三年的博士研究生学习期间,屈老师给予我学术上的熏陶、科研工作上的技术指导、生活上的关心和帮助,以及诸多宽容与理解。

我要感谢加拿大多伦多都会大学的 Wahab 教授,新加坡国立大学的 Mark 教授,上海大学的林贵华教授、于丽英教授和纪颖教授,上海理工大学的高岩教授、杨会杰教授和马良教授,武汉理工大学的饶从军教授和秦晋栋教授,以及管理学院 204、206 实验室全体博士伙伴——黄日朋、刘志敏、吴娇、邓旭晨、周欢、张慧杰、张莉、任剑锋、张永政、赵娜、党中华、杨忠翰、杨令省、周建、仁恒刚、种大双、马晓志、曹磊等,感谢他们在我博士求学道路上给予的莫大鼓励与无私帮助。祝愿他们未来一切顺利!

我还要特别感谢我的家人,正是他们无怨无悔的付出与坚守,给了我再次走上科研道路的动力;正是他们在精神上和生活上的鼓励与支持，才有了我今天的成绩。每每感到焦虑的时候，妻子许丹与刚满两岁的儿子小米乐打来的视频都能让我的内心充满继续战斗的力量；父母的安慰和鼓励给了我前行的勇气。我所取得的进步与家人和亲友的支持是密不可分的！

此外，我衷心地向自我入职郑州航空工业管理学院以来一直给予我支持和帮助的商学院的领导和同事表示感谢！向百忙之中抽出时间评审本书稿的各位专家老师表示由衷的感谢和真诚的祝福！向出版过程中给予极大支持的葛晶编辑、焦晓云编辑表示衷心的感谢！

祝上述亲人、朋友身体健康、工作顺利、事事顺心！你们的支持、认可与宝贵意见将成为我不断前进的动力。我将永存感恩之心，继续在科研道路上努力前行！

王世磊

2022 年 6 月 10 日